不況に打ち克つ仕事法

リストラ予備軍への警告

大川隆法
Ryuho Okawa

まえがき

実に実に厳しい時代に突入した。今となっては、どの会社が突然倒産してもおかしくない。

「リストラ予備軍への警告」と副題につけたが、どの人にとっても明日はわが身である。自分に対して厳しくあれ。夜を日についで勉強せよ。人間学と採算学を学びつくすのだ。暗く長いトンネルの先に、ほのかに光る、白い出口が見えてくるだろう。

二〇一一年　七月二十六日

幸福《こうふく》の科学《かがく》グループ創始者兼総裁《そうししゃけんそうさい》　大川隆法《おおかわりゅうほう》

不況に打ち克つ仕事法　目次

第2章　不況《ふきょう》に打ち克《か》つ社員学入門

第3章　幸福の科学的仕事法

第4章　女性のための経営入門

第1章

リストラ予備軍への警告

1　クビにならずに生き残るために

マクロ的な考えだけでなく、「個人レベルの救済法」が必要

最近、私は、政治や経済についても提言をしていますし、マクロ的というか、大きな目から見た意見も、さまざまに述べています。

ただ、現実経済のほうでは、いろいろな有名巨大企業《きょだいきぎょう》が、リストラ策として次々に社員の削減《さくげん》目標等を打ち出し、会社の立て直しに入っています。社員が何万、何十万といるような会社でも、万単位あるいは数千人単位でのクビ切りが行われる時代に入っているので、ましてや、名もなき会社であれば、今後、どれだけそういうことが起きるかは分からないところがあります。

幸福の科学としては、マクロ的、全体的な考えとして、政治や経済に関する意見

も出さなければいけませんが、個々の会社で働いている人たちのなかには、幸福の科学の信者もいれば、当会に親近感を持つ、信者に近い人たちもいますし、あるいは、そうではない人であっても、これから救済の対象になるべき人が数多くいると思います。

幸福の科学では、数年前から、「自殺防止キャンペーン」なども行っていますが、経済が崩壊《ほうかい》してくると、自殺者もさらに増えてくるだろうと予測されます。食べていけなくなれば、そういう人が増えてくることは、ほぼ確実です。「会社の倒産《とうさん》が増え、クビ切りが増えれば、自殺者も増える」というのは、当然の因果《いんが》関係です。

また、自殺まではしないにしても、病気をしたり、あるいは家庭内で問題が起きたりする人は数多く出るでしょうし、子供の学費を払《はら》えない親もたくさん出てくるでしょう。特に、「私立学校に通う子供の学費未払いが増える」ということが言われています。

しかし、今は、そういう人たちを救済すべきである政府のほうの信用も非常に低い状態であり、それだけの力があるかどうかを疑われているのが現状です。

例えば、高速道路の料金値下げに踏《ふ》み切る場合、政府はすぐに、「フェリー業界が潰《つぶ》れてしまうので、高速料金の値下げと同時に、フェリー業界のほうに補助金を出さなければいけない」などと考えます。

結局、どちらにも「いい顔」をしているわけです。高速道路を使っている人たちに「いい顔」をし、フェリー業界にも「いい顔」をするわけですが、その結果、「いい顔」をしている政府のほうが、今度は財政赤字で潰れかかっているという状態です。

したがって、「マクロの大きな経営体としての国家や会社等が、自分たちを護《まも》ってくれる時代がずっと続く」とは思わないほうがよいと思います。

いつも私は、「よき経営者になるための方法」や「エリート社員、エリートビジネスマンになる方法」などを中心に説いているのですが、もう少し水準を下げて、「クビにならずに、何とか生き残る方法」を説く必要があるのではないかと考えています。

やはり、救済の裾野《すその》をもう少し広げていく必要があると思います。

ほとんどの人は、「自分がリストラされる」とは思っていない

本章には、「リストラ予備軍への警告」という怖《こわ》い題を付けましたが、そもそもリストラされるような人というのは、「自分がリストラされる」とは思っていない場合がほとんどなのです。

「リストラされるかもしれない」というのが分かる人は、かなり頭の回転が速く、危機を察知する能力が高いほうだと言えます。「危機を察知できる」ということは、「対策が立つ」ということなので、まだ救いがありますが、大きな経済変動の波が来たときに、何も考えていない人は、その波に呑《の》み込《こ》まれて終わりになってしまうのです。

例えば、大会社で、「一万人をリストラします」と発表があった場合、各部署に

割り当てが来るわけです。部が全部で何百かあるとして、その一万人を部の数で割り、「一つの部あたり何人」というように割り当てが来ます。つまり、五十人の社員がいる部に、五人の割り当てが来た場合、そこの部長は、「うちの部では、五十人のうちから五人に辞《や》めてもらわなければいけないが、どの人に辞めてもらうか」ということを考えるのです。

ところが、その部長の下で機嫌《きげん》よく働いている五十人は、「その五人のなかに自分が入るかどうか」ということなど、考えたこともないわけです。そして、ある日突然《とつぜん》に、「この部は、五人削減する」というかたちで、上からの割り当てが組織の下のほうにまで下りてきます。

もちろん、その命令を出している人は、「末端《まったん》において、何部の何課の誰《だれ》がリストラに遭《あ》うか」ということまでは認識していませんが、「会社全体として、何人ぐらい減らさなければ、赤字体質から脱却《だっきゃく》することはできない」という計算は立っているのです。

これは非情なことですが、赤字のままであれば、会社自体が潰れてしまうわけです。例えば、一万人の会社なら、会社が潰れると一万人の社員がみな路頭に迷ってしまいます。そうなる前の段階で、オペ（外科手術）を行うのです。一万人全員が路頭に迷う前に、まずは、千人なら千人、不良社員と思われる者を削《けず》り、それでも駄目《だめ》なら、さらに第二弾《だん》、第三弾のリストラ策を繰《く》り出してきます。

そのように、まず、余剰《よじょう》人員の部分を削るのですが、さらには、不採算部門を閉じて事業を縮小したりします。あるいは、もっと苦しくなれば、今度は、利益が出ている部門を売り飛ばすようなことをし始めて、ある日、突如《とつじょ》、自分の所属している部署が、ほかの会社に売られることもあります。

組織体としては、どうにかして生き残ろうと、もがくわけです。そういうことが、過去、数多く行われてきました。例えば、二十年ほど前には「絶対に潰れない」と言われていた日本の銀行が、この二十年間、合従連衡《がっしょうれんこう》というか、合併《がっぺい》、吸収、倒産の波のなかにあり、「いちばん安全」と言われていたところが非常に激しく変わってきました。さらに、今は、役所にも公務員削減の波が襲《おそ》おうとしています。これに対して、役人の側も必死の抵抗《ていこう》を続けています。政治家への協力をサボることが、彼らの常套《じょうとう》手段の一つなのです。

「付加価値の創造」が組織の存在意義

組織には一つの法則があり、「個人個人がバラバラに仕事をする以上の付加価値の創造ができなければ、組織は要《い》らない」というのが基本原則なのです。つまり、「一人ひとりがバラバラに働くだけのほうがよいのであれば、組織は要らない」ということです。

例えば、「Aさんが百万円を持っていて、それを元手に一人で事業をする。Bさんも百万円を持っていて一人で事業をする。Cさんも百万円を持っていて一人で事業をする」というように、個人商店が三軒《けん》あり、それぞれが資本金百万円で商売をしていたとします。

もし、この三人が、バラバラに三つの商店を営んでいるだけではなく、合体して一つの新しい組織をつくったらどうなるでしょうか。

実際には、もう少し人数が多くなるでしょうが、話を分かりやすくするために、三人ということにします。その三人が百万円ずつ持ち寄って資本金を三百万円にし、社長、専務、常務という組み合わせにします。さらに、人を雇《やと》い入れるかどうかも検討し、会社のかたちにして信用をつけ、事務所も一つに統合して少し大きなものにします。個人商店ではなく会社という組織になれば、銀行から融資《ゆうし》を受けられるかもしれません。

そのように、銀行から借り入れを起こして、従業員を雇い、店のスペースを大きくすることで、さらに売り上げを伸《の》ばし、利益を増やすことが可能になります。

単に、「一足す一」が「二」になり、「一足す一足す一」が「三」になるというのでは、組織としては成り立ちません。「一足す一」が「二」ではなく、「三」になったり「四」になったりし、「一足す一足す一」が「三」ではなく、「五」になったり

「十」になったりすることが、組織をつくることの意味なのです。

この増えた分が、結局、「付加価値を生んだ」という部分に当たるわけです。

それでは、組織になると、なぜ価値が増えるのでしょうか。

例えば、一人で八百屋《やおや》をやっていたら、自分で仕入れもしなくてはいけないし、仕入れた物を自分でお客様に売らなければいけません。また、腐《くさ》った野菜を捨てたり、帳簿《ちょうぼ》をつけたりもしなければいけません。

しかし、何もかも一人でやるのは不便なので、「八百屋をやめて、コンビニに変えようか」「小さなスーパーでもつくろうか」と考えて、人を雇い、役割分担をするわけです。そうすると、お客様が今よりも増えて大量に物が売れるようになるので、さらに大量の仕入れをすることができ、より安く物を売れるようになります。

そのように、いろいろなかたちで経費の削減ができたり、たくさんのお客様に喜ばれるようになったりすることで、組織というのは価値を付け加えることができるのです。それができて初めて、組織には存在意義があると言えるわけです。

これが、組織あるいは会社などをつくる原点です。

最低ラインは、「クビ切りの対象から逃《のが》れること」

ところが、その会社も、何十年もたって大きくなってくると、しだいに社員が増えてきます。数百人になり、数千人になり、場合によっては、一代で数万人の規模になるようなところもあります。

その過程においては、当然ながら、組織のなかに無駄な部分がたくさんできてきて、組織の体制づくりや新陳代謝《しんちんたいしゃ》が、非常に難しくなってきます。

ただ、好景気が続き、会社に利益が出ているうちは、リストラされずに会社に置いてくれました。しかも、年功序列的に給料もしだいに上がっていき、一定の年齢《ねんれい》になって子供が進学したり結婚《けっこん》したりするころになると、きちんと役付きにしてくれたのです。そのような「温情経営」が、日本の伝統的な経営でした。

日本経済が右肩《かた》上がりの時代には、それでもよかったのですが、乱気流時代に入ってくると、そうはいかなくなります。

以前、リーマン・ショックのときに、「百年に一度の未曾有《みぞう》の経済危機」などという言葉が独り歩きしました。私は、あのくらいの危機は過去にたくさんあったと思うのですが、言葉自体が独り歩きしたため、その言葉に怯《おび》え、「いち早く経営体質を変えなければ危ない」と、過剰に反応する人が数多く出てきたのです。

したがって、自殺者を減らしたり、家庭内の不幸を減らしたりするためには、あるいは、子供たちの未来を不幸にしないためには、やはり、働いている大人たち一人ひとりが頑張《がんば》らなければいけないわけです。

その最低限のレベルは何であるかというと、「あっさりとリストラに遭わないようう、フジツボのように、何としてでも会社にへばりつかなければいけない」ということです。簡単に〝一かき〟で削《そ》ぎ落とされるようであってはいけません。最低限、「削ぎ落とそうとしても、へばりついてなかなか剝《は》がれない」というぐらいの力を何とか発揮したいところです。

要するに、「エリートにまではなれなくても、何とかしてクビ切りの対象からは逃《のが》れたい」というのが、家族に責任を持つ者としての最低ラインでしょう。

いかに「駄目パパ」であろうとも、家族の生活を護れたならば、多少なりとも、「ささやかなる地上ユートピアを護っている」と言えるわけです。

もし、一家が路頭に迷うようならば、ささやかなる地上ユートピアも、もはや崩壊過程に入ってしまいます。やはり、「パパは、雪のなかでホームレスをやっていて、子供たちは、どこへ行ったか分かりません」というようなかたちになってはいけません。

したがって、本章の内容としては、「最低ラインのバーを超《こ》えるためには、どうしたらよいか」というあたりに的を絞《しぼ》らなければいけないでしょう。

その最低ラインを超えるためには、やはり、自分に厳しくなければいけません。自分に甘《あま》い人は駄目です。「今までどおりの惰性《だせい》でやっていける」と思っていては駄目なのです。

前述したように、「人が集まることで、個人個人がバラバラにやる場合よりもよい仕事ができなければ、組織というものは基本的に要らないのだ」ということを知ってください。「一人でやるだけのほうがよい」というのであれば、組織は要らないのです。

単に個人で働く以上の成果をあげられないのであれば、その課なり、部なり、局なり、本部なり、あるいは会社なりは、存続の必要がありません。つまり、その部署において、各人がバラバラにやる以上の成果をあげる必要があるということです。例えば、ある課に八人いたとすると、八人集まることで、各人がバラバラでやるよりも総合的によい仕事ができなければいけないのです。

リストラに遭《あ》いやすい人の特徴《とくちょう》

たいていの会社では、平常時あるいは好況時《こうきょう》であれば、一つの課に十人いたら、一人分ぐらいは、いつ病気になったり異動になったりしても、何とか仕事が回る程度の余裕《よゆう》を持っているものです。

ところが、不況時になると、そうした余裕の部分が削られていきます。「どこを削れば、本人や周りの納得を得られるか」ということが、次の焦点《しょうてん》になってくるわけです。

リストラに遭《あ》いやすいタイプの社員には、やはり幾《いく》つかの特徴《とくちょう》があります。

その特徴とは何でしょうか。

リストラに遭うような社員は、例えば、お客様と接するようなセクションにいる場合、たいてい、お客様の気持ちが分かりません。そういう人は、社内の同じ課や部で働くほかの人の気持ちも分かりませんし、上司の気持ちも分かりません。当然、社長の気持ちなど分かるはずもありません。

このように、まったく他人の気持ちが分からない人というのは、基本的にエゴイストだということです。「自己中《じこちゅう》」という言葉がありますが、まさしく、自分のことしか考えていないわけです。

そういう人は、基本的に、「一日をどう過ごせれば自分が楽しいか」ということを中心に物事を考えていて、会社への貢献《こうけん》とか、お客様へのサービスとかいうことを、言葉では言っていても、心では信じていないのです。

つまり、「お客様にサービスしたい」という心からの気持ちなどは持っておらず、会社がそう言っているから、おうむ返しに言っているだけで、現実には、やっていなかったり、やったとしても心がこもっていなかったりします。

心から会社の発展を考え、上司のサポートをしようと思って仕事をしているのか。それとも、たまたま、その人の部下になったので、しかたなく過ごしているのか。そのあたりの違《ちが》いが不況時には明らかに出てきます。これを知らなければいけません。

駄目社員というのは、一般《いっぱん》的にエゴイストです。ところが、本人は、自分がエゴイストであることに気づいていないことが多いのです。たいてい、「これが普通《ふつう》でしょう」「人間は、こんなものではないでしょうか」「私は普通の人間として生きているだけで、何も悪いことはしていません」などと思っています。

常に自分中心に物事が回っていて、「とにかく、無事に毎日が過ごせたらよい」という気持ちを持っていることが多く、「組織においては、自分一人以上の力を成果として出さなければいけないのだ」というところまで頭が回っていないのです。

しかし、そういう「プラスアルファ」を生み出さなければ、会社は景気の変動に耐《た》えられなくなります。「プラスアルファ」が出てくるからこそ、景気が悪くなったときでもクビを切らずに、会社は持ちこたえることができるのです。人数を足し合わせた分だけの成果しか出せないならば、景気が悪くなると、とたんに会社が傾《かたむ》いてくることになるわけです。

リストラは組織の〝病巣《びょうそう》〟を取り除くための外科手術

組織というのは「人間の集まり」ではありますが、いわゆる「法人」と呼ばれるように、一定の経営理念を持って活動していると、一つの生き物のような動きをし始めます。一つの生き物として、生命体として、必ず生き残ろうとし、「どうしたら生き残れるか」ということを考えるようになります。不思議なことですが、必ず、そのようになるのです。

したがって、非常に忌《い》まわしい言い方かもしれませんが、会社が赤字で傾いた危機のときに、リストラされ、削減される人というのは、病気にたとえるならば、「体のなかにできた病巣《びょうそう》部分」と見られたということです。

ガン細胞《さいぼう》ができているので、命そのものを失う前に、それを取り除こうとする機能が働き始めるわけです。まず、ガン細胞の部分を取り除き、それで健康を回復できるかどうかを見ようとします。ガンが全身に広がってしまったら、もう手遅《ておく》れになるからです。

そのように、全身にガンが回る前に病巣部分を取り除こうとするのが、生命体としての組織の動きであり、これは誰がやってもそうなります。上にいる人が、善人であろうと、悪人であろうと、「長」と名の付く人が上に座れば、あるいは、上に座って「長」という名が付けば、必ず同じようなことをしなければならなくなるのです。これを知らなければいけません。

ただ、リストラの対象者を選ぶときに、駄目会社のなかの駄目経営者、あるいは駄目部長などの場合は、逆判断をすることもなきにしもあらずです。

優秀《ゆうしゅう》な社員に対して、「あなたは、優秀で、どこの会社に行っても通用するから、転職してください」と言って外に出し、駄目な社員に対して、「君は、どこにも転職不可能だから、わが社に残りなさい」と言うような逆判断をする人間もなきにしもあらずなのです。

「A君は優秀だから、ほかの会社でもきっと生きていける。だから、早く逃げ出しなさい。会社が沈没《ちんぼつ》する前に行ったほうがいい。しかし、B君はどこも採ってくれるところがないだろうから、ここに残るように」と言うような上司のいる会社は、泥船《どろぶね》であり、最後は〝タイタニック化〟して全部沈《しず》んでいくでしょう。

こういう人が部長や経営者をしている場合には、潰れてもしかたがないので、もうあきらめてください。

会社が生き残るための最低限のラインは、先ほど述べたように、病巣部分と思われるものを取り除く外科手術を行うことです。生き残る会社は、必ずそのような動き方をします。

2 組織に「赤信号」がともるとき

「不都合《ふつごう》な真実」が伝達されにくくなる

「組織の赤信号」というものは、やはりあります。会社の経営においては、潰《つぶ》れる前に幾《いく》つかの赤信号が出てくるのです。厳密には、「まず黄信号が出て、次に赤信号が出る」と言うべきかもしれませんが、赤信号と思われるものは幾つかあります。

一つは、そういう会社では、「社員全体が、危機的な状況《じょうきょう》を知らないことが多い」ということです。

例えば、十数年前、金融《きんゆう》危機で山一證券《やまいちしょうけん》が潰れたときに、倒産《とうさん》した当日、「今日、山一が倒産する」ということを知っていた人は、社内に三、四人しかいなかったと言われています（収録当時）。

それ以外の社員はどうしていたかというと、倒産する当日に自分の会社の株を買っていたのです。まことに気の毒な話ですが、その日のうちに紙切れになる株を、社員たちは健気《けなげ》にも買い支えていたのです。

倒産することを知っていた人は、五人を超《こ》えない範囲《はんい》のほんの一握《ひとにぎ》りだったようです。社長と、社長室や経営企画《きかく》室系の三、四人程度しか知らなかったらしいのですが、これは驚《おどろ》くべきことです。

「倒産当日に、社員が自社の株を一生懸命《いっしょうけんめい》に買っていた」というのは涙《なみだ》ぐましい姿であり、それゆえ、社長が退任会見で「社員は悪くありません。悪いのは経営者です」と言って泣いていたのでしょう。当日、会社の株を買っていたのですから、社員は悪くないかもしれませんが、気の毒ではあります。

ただ、倒産当日に自社の株を買うということは、会社が潰れるほどの危機にあるとは思っていなかったということです。「少し悪い状態だが、大丈夫《だいじょうぶ》だろう」と思っていたわけで、これは、内部的な経営情報が見事に隠蔽《いんぺい》されていたことを意味しています。

社員が経営者に信頼《しんらい》されていなかったのか、社員が経営者を信頼していなかったのか、どちらであったのかは分かりませんが、意思の疎通《そつう》が十分にできていなかったことだけは間違《まちが》いありません。

「不都合《ふつごう》な真実」というとアメリカのゴア元副大統領のようですが、そういう会社では、「会社のなかの不都合な真実については蓋《ふた》をして、とにかく教えないようにする」という体質が出来上がっていることが多いのです。

上から見て、「社員に知られたらまずい」という不都合な真実は、当然、教えないようにしますが、下のほうも、「上に知られたらまずい」という不都合な真実に、極力、蓋をして知られないようにします。そのように、「上も下も、不都合なものには蓋をし、どうでもいいようなことについてだけ情報が流通する」という状態になっています。

潜水艦《せんすいかん》は、万一《まんいつ》、浸水《しんすい》したときに全部の船室に水が回らないよう、ブロックごとにハッチが閉まるようになっていますが、そのような感じで、それぞれの部署が切り離《はな》されていて、情報が伝達されにくくなっていることが多いのです。これは、一種のセクショナリズムといえばセクショナリズムでしょう。

特に、よい情報を流すのであれば、上から下へも、下から上へも、楽なことだろうと思います。よい情報については、ほめられるのみなので、流すのはそれほど難しいことではありませんが、悪い情報を流すのは、人は基本的に嫌《いや》なものです。

悪い情報を伝えたり、知られたりするのは、経営者にとっては面目丸潰れですし、部下のほうも、「これは会社にとって危ないかもしれない」とは思っても、同時に、

「これを上に知られたら、自分のクビも危ない」と思ってしまうので、悪いことは隠蔽したい気持ちがあります。

例えば、原子力発電所で、放射能漏《も》れを発見した社員がいたとして、もし、その社員が、「これを報告したら、俺《おれ》のクビが危ない」と思って知らん顔をしたらどうなるでしょうか。

社長のクビが飛ぶのは時間の問題ですが、それだけではなく、原子炉《げんしろ》自体が廃炉《はいろ》になり、全員、職を失ってしまう可能性も当然あるわけです。

しかし、「社員である自分たちだけでなく、地域住民の健康まで護《まも》らなければいけない」という理念が浸透《しんとう》していれば、放射能漏れの事実が発見された場合、「自分の身が危ないかどうか」などは二の次です。場合によっては、近隣《きんりん》の住民や周辺の市民も危なくなるので、いち早く報告しなければなりません。

上司の課長なり部長なりが、「それを報告すると俺の責任になるから、上に上げることはできない」と言って、頑強《がんきょう》に抵抗《ていこう》し、二度三度言っても上に伝えてくれない場合もありえますが、放射能漏れは重大な問題であり、原子力発電所にとっては、絶対にトップまで上げなければいけない案件です。これは、トップが知らないでは済まされないことであり、「知らない」ということ自体でクビになっても文句は言えないのです。

したがって、たとえ、上司が頑強に抵抗しても、「これは、どうしてもトップまで報告しなければならない」と思ったときには、やはり、〝切腹《せっぷく》〟を覚悟《かくご》でトップに直訴《じきそ》しなければいけないのです。そうであってこそ、職業倫理《りんり》というものは生きてくるのではないでしょうか。そういうことが大事だと思います。

たった一日で失われてしまう「信用」

それから、「信用をつくる」ということも非常に難しいものです。何十年もかけて信用を積み上げていくのは非常に大変なことですが、失うのは簡単で、本当に一日で失ってしまいます。これもつらいことです。

例えば、以前、伊勢《いせ》名物の「赤福《あかふく》」について、消費期限および製造日の偽装《ぎそう》事件がありました。その後、しばらくして、三重県のほうに行ったときに、赤福がどうなっているか気になって、あちこちの店で売っている量を見てみたところ、やはり、昔に比べて店先に積み上げている段が小さいように感じました。「お土産《みやげ》に買って帰るには、まだ事件を覚えている人が多いので難しい」という状態だったのでしょう。

赤福は、最初、「名古屋あたりまでしか売らない」ということで頑強に頑張っていました。そのうち、京都などでも売るようになり、さらには、ときどき東京などでも売るようになりましたが、それは近年になってからのことです。

なぜかというと、「品質を守るために、その日につくったものは、その日のうちに捨ててしまうので、名古屋圏《けん》にしか出せない」ということだったのです。

それを聞くと、こちらも騙《だま》されます。餡《あん》ものが一日で駄目《だめ》になるとは思えないので、「その日のうちに捨てるのか。もったいないなあ」と思いつつも、「品質へのこだわりがすごいなあ」と思って信用するわけです。

それで、内部告発もあったのでしょうし、ほかからも調査の手が入ったのかもしれませんが、「製造年月日を偽《いつわ》って印刷しているらしい」ということが発覚すると、余計にがっかりしてしまいます。

ちなみに、出版業界では、発行日を先の日付にするということが行われています。特に、月刊の雑誌などは、発行日を翌月の日付にして出していますが、あれは、実際に発売した日を発行日にすると、返本されるのが早くなるからです。

例えば、三月一日発売であれば、「四月一日発行」などと刷ってあります。私は、子供時代から、「なぜ一カ月ずれているのだろう」と、長年、不思議だったのですが、「三月号」と書いてあると、四月一日になったら全部返本されてしまうので、少しでも長く店頭に置いてもらうために、三月に発売するものを「四月号」として、先の日付で刷るわけです。

雑誌は腐《くさ》るものではないので、苦肉の策で、そういうことが業界の慣行として行われています。新聞の場合、さすがに一週間後の日付で刷るというわけにはいかないでしょうが、雑誌などの場合は、「できるだけ新しく見せたい」という気持ちから、そういうことが行われているのです。

ともあれ、「赤福は、その日のうちに捨てるので、ほかの地方では売らない」と言っていたのに、それが嘘《うそ》で、しかも、「捨てると称《しょう》して、実は、その餡を、ほかのものの材料として使い回していた」というようなことまで聞いてしまうと、落ちた信用が再び回復するまでには何年もかかるでしょう。

同様の事件は、赤福以外にも幾つかありました。北海道名物の「白い恋人《こいびと》」もそうです。

「白い恋人」という商品名は、社長室から生まれたネーミングだったそうです。あるとき、社長室で社長が社員と話していたときに、窓の外で雪がちらちらと降ってきたのを見て、社長が、「白い恋人たちが降ってきたよ」と言ったところ、「いい名前だ。それで行こう」ということになったらしいのです。

そこで、「白い恋人」という名前を付けて売り出したところ、ものすごく売れ、北海道名物になったわけです。この「白い恋人」も、同じように、「賞味期限を偽って古いものを売っている」ということが発覚し、追及《ついきゅう》されました。

信用を失うことは、やはり厳しいものです。

船場吉兆《せんばきっちょう》もそうでした。船場吉兆といえば、吉兆グループの一つで、名門中の名門です。

デパートには、いろいろな飲食店が入っていますが、お昼時はどこも満員で、なかなか入れません。しかし、そういうときでも、吉兆に行けば、たいてい空《す》いています。なぜなら、値段が高いからです。昼食に五千円も一万円も取られるのでは、普通《ふつう》の人は入れません。そのため、吉兆に行けば空いていて、待たなくても済むのです。

そのくらいの名門店ですが、船場吉兆も、「お客様に一度出して、手をつけずに戻《もど》ってきたものを、ほかの客に出していた」という「使い回し」が発覚し、結局、潰れてしまいました。厳しい話です。

おそらく、そういうことは、ほかの飲食店でも、ほぼ行われていることだろうと思います。「客が手をつけておらず、そのままの姿で返ってきたものを、もう一回レンジで温めて出す」というようなことは、ほとんどのところが行っているのかもしれません。

しかし、やはり吉兆のブランドがものを言ったのでしょう。「その値段の高さから言って、あるまじき行為《こうい》である」ということです。もし、それが、どこかの田舎《いなか》の漁師町の港の大衆食堂で、客が食べなかったものを温め直して出したぐらいであれば、評判が落ちるだけで潰れるところまでは行かなかったかもしれません。やはり、「ブランドが許さない」ということだったのでしょう。

そういう意味で、信用を失うような行為も、けっこう厳しいものがあります。

トップには、「知らなかった」という答弁は許されない

そのように、会社が潰れるところまで行ったり、社会問題にまでなったりする場合には、「おそらく、トップまでその事実を知っていただろう」と推定されているのだと思います。船場吉兆が潰れるところまで行ったのは、「社長まで知っていたに違いない」という推定があるからだろうと思います。

もともとは、現場の調理場だけでの工夫だったのかもしれません。「ほかに誰《だれ》も見ていないので、分からないだろう」と思ってやったことかもしれませんが、いつまでも上が分からないはずはありません。

したがって、その事実をつかむのは難しいことですが、「上も知っていたであろう」と推測される場合には、トップも責任を問われるわけです。

そのときに、「自分は知らなかった」と言っても済まないのです。「料理の使い回しは、調理場が勝手に行っていたもので、社長である私はまったく知りませんでした」という答弁は、そういう高級料理を出す店の社長としては、やはり許されないことなのです。

「経営者として、ほかの事業もいろいろと行っている」というならまだしも、ほかに商売をやっているわけでないならば、やはり許されることではありません。

自動車会社でも、欠陥《けっかん》車だと知りながら、「在庫がなくなるまで売り続けよ」「発覚するまでは売り続けよ」などという指示を出していたら、潰れるところまで行くのは確実です。

トップまで知っていてやっているのであれば、もはや逃《に》げようがありませんが、たいていの場合、上に情報が行くまでに時間がかかるのが普通です。それほど簡単に上までは行かないものです。

社を挙げて良心的な事故対応をした「松下電器」の事例

もっとも、「逆転の秘法《ひほう》」もあります。以前、パナソニックがまだ松下電器だったころですが、石油ファンヒーターで死亡事故を起こしたことがありました。実際に事故を起こしたのは数台ぐらいでしたが、すぐに、「全部、修理または回収する」

という方針を決めたのです。

そうなると、その製品を購入《こうにゅう》したお客様に告知しなければいけないわけですが、誰が購入したかが分からないため、「全国民に出してしまおう」ということで、ハガキを何千万枚も刷って出したのです。

それは、当然、会社の広告になることも計算した上でのことだろうとは思いますが、わずか数台が事故を起こしただけでも、「その年代につくった製品を、すべて修理・回収する」ということを国民全員に知らしめたのは、一種の良心的な行為であったと思います。

宣伝の気持ちも入っていたとは思いますが、なかなかできることではありません。普通であれば、「死亡した人のところだけを補償《ほしょう》すれば、それで済むのではないか」と考えそうなものです。しかし、松下電器では、「『製品に欠陥があって、人が死亡した』というのは大変なことであり、社を挙げて取り組むべきことだ」という判断をしたわけです。

たいていは、ユーザーの側にも何か落ち度がある場合が多いので、会社側も言い訳はできますが、そういうときに弁解をせず、全力を挙げて解決に取り組むという姿勢が、危機における組織の生き残り策としては非常に大事です。

末端《まったん》の社員にとっては、「これがよいことなのか、悪いことなのか」ということは、なかなか分からないだろうと思います。例えば、担当者が、「ファンヒーターで、一酸化炭素中毒を起こし、人が死んだ」という話を聞いたとして、その報告を、どこまで上げられるかです。

課長まで報告を上げた場合、その課長は自分のところで止めてしまうか、部長まで上げるか、あるいは、その製品をつくった工場の責任にしてしまうか、いろいろあろうかとは思います。

社長のところまで報告を上げたら、全国民にハガキを出すところまで行ってしまうわけですが、その告知費用だけで、おそらく何十億円もかかったはずです。

そこまでの騒動《そうどう》になるとは、担当者には分からないことでしょう。最初に第一次情報をゲットした末端社員は、「これは、全国民に告知しなければいけない」とか、「その年度に同じ型の製品を購入したところを全部調べ上げて、対応しなければいけない」とか、現実にそこまではなかなか提案できるものではないでしょう。やはり、上の判断が必要なのです。

嫌《いや》がられても情報を上げる社員は、上司から信用される

潰れる会社の危機信号としては、まず、「報告・連絡《れんらく》の部分がうまくいっていない」という状況が出てきます。つまり、「社員が保身に走る」ということです。

しかし、そういう自己保身をしている人が、結局は、真っ先にリストラされていくのです。自分の身を護ろうとして保身に走っているのに、そういう人のほうが、まず、リストラに遭《あ》ってしまうのです。

まことに不思議なことですが、それは「自己中」だからです。自分中心で、お客様中心でもなく、ある意味で、上司や経営陣《じん》に対しても誠実ではありません。下が

自己保身をすると、結局、上のほうの責任が増大していくことになるからです。

上の人というのは、結果責任を取るためにいるのです。世間の人たちは、みな、「社長が自分で調理しているわけではない」「社長が自ら工場でつくっているわけではない」ということぐらい知っています。そんなことは、当然、知っていますが、結果責任を問うているということです。

その意味で、ある情報が大事なものであるかどうかの判断は、非常に難しいことですが、その勘《かん》を磨《みが》くことがとても大事です。

実際は、そういう危機の情報などを報告すると、嫌《きら》われることが数多くあります。そういう報告を嫌う上司はたくさんいます。

ただ、上司が嫌《きら》ったり嫌《いや》がったりしたとしても、似たようなシチュエーションが起きたときに、繰《く》り返し繰り返し情報を上げてくる社員というのは、実は信用されています。上の人は、嫌っているような振《ふ》りをしながら、「この人は信用できる」と思っているのです。

そういう部下がいる場合、上司は、夜、枕《まくら》を高くして眠《ねむ》れます。「何かあったときには、あいつが必ず言ってくるはずだ」と信じているので、枕を高くして寝《ね》れるわけです。ところが、「大事な情報は、まず上がってこない」と思っていたら、安心して眠れません。「世間が知っていて、自分だけが知らない」ということも、当然、起きてきます。

ただ、言ってくる内容が、雑情報だったり、偽《にせ》情報だったり、あるいは、単なる攪乱《かくらん》情報だったりすることもあります。そういう場合、一回目ぐらいは許してくれますが、何度も何度も繰り返すと、今度は信用失墜《しっつい》になります。

しかし、本当に上司の耳に入れるべき情報である場合、最初のうちは、「嫌だな」「しつこいな」「あいつは、常識がない」などと言われますが、たとえ嫌がられても何度も繰り返し言ってくるような人間は、逆に信用がついてきて、「あいつは、やはりすごいな」という評価になります。

上司よりもマクロの判断をしていた商社時代の私

少し手前味噌《みそ》になりますが、私も、在家《ざいけ》の商社時代には、そういうところがありました。まだ若かったのですが、「おかしい」と思ったことについては、上のほうにずけずけと意見を言っていたので、けっこう嫌われていたかもしれません。

数年ぐらい上の先輩《せんぱい》からは、「新入社員や、入社二、三年目ぐらいの分際で、そんなことを部長に言いに行ったり、本部長に言いに行ったり、役員に言ったりするのは生意気だ。分《ぶん》をわきまえろ」などと、ずいぶん言われたものです。

それでも、「これはおかしい」と思ったことは、やはり言っていました。

例えば、私がニューヨークにいたころのことですが、上層部のほうで不祥事《ふしょうじ》があったときに、いつもは私に対して、「おまえは生意気で、余計なことを言うから嫌われるのだ」と言っていた先輩から私宛《あ》てに手紙が来たのです。

その手紙には、「おまえがいながら、なぜ止められなかったのだ」ということが書かれていました。しかし、ニューヨーク本社の社長と財務部長の意見が割れて、けんかをしているのに、どうして、いちばん下っ端《したっぱ》の私にそれを止められるでしょうか。それなのに、研修生である私のほうに、日本にいる先輩からクレームの手紙が来たわけです。

「おまえならば、必ず止めるはずなのに、なぜ言わないのだ」と書いてあったのですが、実をいうと、私は、クビを覚悟で「これは絶対に駄目です」と、三回ぐらい言っていたのです。しかし、上司は聞いてくれませんでした。

私には上司をクビにする権限がないので、それ以上のことはできなかったのですが、案の定、ニューヨーク本社の社長と財務部長が激突《げきとつ》し、財務部長は更迭《こうてつ》されることになりました。結局、私の言っていたことが正しかったのです。

実は、私は、その部長にはきちんと警告をしていました。「本社は、絶対にこれを認めるはずがないから、やってはいけません」と言っていたのです。

何をしようとしていたのかというと、当時、ニューヨークの財務部のほうで独自の資金調達を始めようとしていたのです。銀行のレートが高かったので、コマーシャルペーパー（短期の無担保約束手形）を使って独自に資金調達を始めようとしていたわけです。

会社には、メインバンクと、準メインバンクがあるのですが、そこの承認を取らずに、アメリカの銀行だけの裏保証で資金調達をしようとしていました。つまり、ニューヨークの財務部だけで暴走し、資金を調達しようとしていたわけですが、「これは、必ず部長のクビが飛ぶから、本社の了解《りょうかい》を取らなければ駄目です」と、私は言っていたのです。

しかし、上司の論理は、「本社に相談したら拒否《きょひ》するに決まっているから、本社を無視し、ニューヨークだけでシティバンクと連合して資金調達をかけるのだ。今なら安いレートで大量に資金が手に入るから、結果オーライで行ける」というものでした。上司たちは、結果的に安く資金が調達できるので、ニューヨークの財務部だけで走っても、終わってから説得すれば済むと踏《ふ》んでいたのです。

私は、「おそらく、これは駄目でしょう。上司がクビになるので、本社の了解を取るべきです」と言っていました。メインバンクも、準メインバンクも、ニューヨークにオフィスを構えていたため、「メンツを潰された」と言って向こうがねじ込《こ》んでくるのはほぼ確実でした。

そのため、私は、「少なくとも仁義《じんぎ》を切らなければ駄目です。仁義を切って、ニューヨークのメインバンクでは、それができないということを、向こうに認めさせなければいけません」ということを、課長や部長に対して言っていたのですが、彼らは、「そんなことをしても無駄だ。日本の銀行はバカだから、アメリカで資金調達などできやしない。そんなところを相手にしていられるか。外銀《がいぎん》と組んだほうが早いのだ」と言っていました。気の短い人たちだったため、ニューヨーク本社の社長とけんかになったのです。

結果的には、部長も課長も更迭されてしまいましたが、私は、日本に帰ってきたときに課長待遇《たいぐう》になっていました。上司たちよりも部下のほうが信用されていたわけですが、それは、「私の判断のほうが上だった」ということでしょう。私のほうが、マクロの判断として、正しい判断をしていたのです。

「資金調達のチャンスなので、外銀とサッとやってしまったほうが早い」という上司たちの考えは、その時点ではそのとおりなのですが、それはミクロの判断なのです。マクロ的判断では、「一千億円規模のお金を借りているメインバンク等のメンツを潰すと、あとが難しくなる」ということです。役員になるべき人であれば、当然そういう判断をしなければいけません。

ニューヨークの財務部長をしていて、役員にならなかったのは、その人が初めてでした。普通は、最低でも常務までは行くので、私の言うことを聞いていれば、常務までは出世できたはずなのですが、結局、なれませんでした。

人事の動きを見れば、トップの考えが分かる

上司への報告・連絡ということ以外では、自分のことばかり考えるのではなく、

社内の人事をよく見ることが大事です。

社内では人事の回覧などが回ったりするでしょうが、人事の動きをじっと見ながら、トップが何を考えているかを読み取ることです。人事の動きを見れば、トップの考えが分かるのです。

「人がどういう動き方をしているか。誰が上がり、誰が下がっているか。有力な人材を、どの方面に異動させているか」ということを見れば、経営方針が明らかに見えてきます。

直接、トップに会って話すことはできないにしても、「今、トップの考えはどのあたりにあるか」ということを、いつも考えておくことが大事なのです。

そのように、一つ上か二つ上のポストの考え方を持っていることが、「必要な社員」の条件になってきます。自分の所属する組織という、ごく小さな範囲のことだけしか考えていない人は、本当に歯車でしかないので、いつ余剰《よじょう》人員としてリストラされるか分かりません。

たとえ、自分の今いる部署が、ある一つのセクションのなかの小さな歯車であったとしても、そこにいながら、ほかの部署や会社全体の動きについて、できるだけ知ろうとアンテナを張り、全体から見た正しい判断基準をいつも持っていることが大事です。

そして、その全体から見た正しい判断基準に照らして、上司に報告すべき案件かどうかの判断をしなければいけないのです。

3　リストラ時代を生き延びる方法

「営業力」と「企画《きかく》・提案能力」を高めよ

これからのリストラ時代を生き延びる方法は、簡単に言えば、次の二つだと思います。

一つは、「不況《ふきょう》の時代には、営業力で勝つ」ということです。営業力を増強し、よそよりも力を入れて、直接、販売促進《はんばいそくしん》に乗り出していくこと、そして、よそよりも余分に動くことです。例えば、直接、お客様を訪問して、しっかりフォローをしたり、アフターケアをしたりすることです。あるいは、相手の個人的な情報などもいろいろと知りながら、相手に合わせた営業活動を進めていくことが大事です。

このように、営業活動を強化することが、生き残り策の一つです。

もう一つは、「企画《きかく》・提案能力を高める」ということです。

これは、非常に大事なことであり、特に本社系の人は、この企画・提案能力が高くなければ、存在する意義はほとんどないと言ってよいのです。

会社には、直接、営業にかかわらない間接部門がたくさんありますが、経営が赤字になってくると、たいてい、「直間比率《ちょっかんひりつ》」を変え始めます。つまり、間接部門のところを削《けず》り、直接部門のほうに人を異動させ始めるわけです。

例えば、間接部門である管理部門に三割の社員、直接部門である営業部門に七割の社員がいた場合、不況になって経営が悪化してきたら直間比率を変え、「管理部門を二割に減らし、営業部門を八割に増やす」というようなことを、だいたいし始めます。

稼《かせ》ぐ人を増やし、一人当たりのノルマをかければ、売り上げは確実に増えます。そのようにして、在庫を処理していこうと努力するのです。

その場合に、もちろん、営業のほうに出て頑張《がんば》ってもよいのですが、本社の管理部門などに残った人たちも、単に報告を聞いたり書類をつくったりするだけでは、付加価値として十分ではありません。そこで、企画・提案能力というものが非常に大事になります。

ただ、企画・提案を思いつくこと自体は、わりに簡単なので、いくらでも上げることは可能です。企画・提案をする際のポイントは何であるかというと、「では、あなたが責任を持ってそれをやってくれるか」と言われたときに、「分かりました。

私がやります」と言えるところまで内容を煮詰《につ》めておかなければいけないということです。これが大事です。

「こういうことをやったらどうでしょうか」「こういう子会社をつくったらどうでしょうか」「こういう新しい商売を始めたらどうでしょうか」などと言うのは簡単ですが、「では、あなたがやってくれるか」と言われたときに、「分かりました」と言って、それを実現できるかどうかです。

企画・提案には、そこまでの責任が伴《ともな》うということです。「あなたがやりなさい」と言われたときに、それを引き受けられるところまで考えを煮詰めておくことが大事なのです。

相手の本当のニーズを引き出す「質問力」

一般《いっぱん》的には、営業力強化のために、あらゆる策を講じることが必要です。それは、「よそがやらない一歩進んだサービスをする」ということであり、「お客様の本当のニーズを引き出す」ということです。

そのために大事なのは、「質問力」です。単なる受け身で、相手が言うことを「はい、そうですか」と、ただ聞いているだけでは駄目《だめ》なのです。質問力を発揮し、営業のときに相手に質問をするわけです。

例えば、服を売る場合であれば、「この服はいかがですか。お似合いになると思いますよ」と勧《すす》めたとき、お客様から、「この型はちょっと古いし、色も好きではありません」と言われて、「ああ、そうですか」と引き下がる人は凡人《ぼんじん》です。「この色は気に入りません」と言われたら、「どんな色がお好きなのでしょうか」とか、「どんな色の服をお持ちなのですか」とか、そこで質問をたたみかけることが大事です。そして、その答えを聞いて、「相手のニーズはどのあたりにあるか」ということを見破らなければなりません。この質問力は非常に大事です。

これは、宗教でいうと、実は、伝道力とも重なってきます。伝道の際に、相手に拒否《きょひ》されたり、悪口を言われたりすることは数多くあるだろうと思います。その場合も、営業のときと鉄則は同じであり、質問力が大事なのです。

例えば、「どうして宗教が駄目なのですか」「どうして伝道してはいけないのですか」「どうして献本《けんぽん》をしてはいけないのですか」「どうしてこの本はよくないとおっしゃるのですか」「なぜ、この月刊誌は駄目だとおっしゃるのですか」「『幸福の科学は嫌《きら》いだ』と言われましたが、今後の参考として私たちも勉強したいので、幸福の科学のどんなところが駄目なのかを教えていただけますか」などと質問するのです。

そうすると、相手は何かを言わなければいけません。それで、例えば、「宗教だから駄目なのです」と相手が言ったら、「でも、日本の宗教全部を否定することはできないでしょう。日本には宗教がたくさんあります。神社もありますし、お寺もありますし、キリスト教会もあります。それらをみな否定するわけではないでしょう。『宗教だから駄目だ』というのは、意味をなさない答えですね」と言えばよいのです。

さらに、「新宗教だから駄目だ」と言われたら、「なぜ、新宗教は駄目なのでしょうか。新宗教にもいろいろありますが、どんな新宗教がお嫌いなのですか」と訊《き》いてみるのです。

例えば、「S会が嫌いだ」と言われたら、「うちはS会とは違《ちが》うのですが、ご存じでしょうか。こういうところが違うのです」と言えば、「ああ、そうですか」と、会話が続きます。

あるいは、「オウム教が嫌いだ」と言われたら、「うちはオウム教と戦った宗教なのです。うちの総裁は、『オウムは間違っている』と言い続けて、命まで狙《ねら》われたのですが、それでも駄目なのでしょうか。また、当時の國松《くにまつ》警察庁長官に『危ない』と警告していたのは、うちの総裁なのですが、警察庁長官が耳を貸さなかったために狙撃《そげき》されてしまったのです。そのような宗教でも駄目なのでしょうか」と言えばよいのです。

私の警告に聞く耳を持たなかった警察庁長官

ちなみに、私は、その当時、警察庁長官の頭の悪さにあきれ返っていました。彼が狙撃されたのは、一九九五年の三月三十日ですが、私はその二日ぐらい前に「狙われているから気をつけたほうがよい」と警告していたのです。

ところが、向こうは、「狙われるのは現場の人であって、事務方のトップを狙ってもしかたがないだろう」と、勝手に信じ込《こ》んでいて、まったく不用心でした。

私は、「そんなことはない。オウム教の性格からすれば、警察のトップを狙うに決まっている。トップを狙うのがいちばんインパクトが大きくて効果的なので、絶対にここを狙ってくるだろう」と見ていました。

そこで、当会の信者であった故・三塚博《みつづかひろし》氏を通じて警察庁長官のほうに連絡《れんらく》を入れ、「オウム教の動きが危ないので、彼らの教団施設《しせつ》のある山梨《やまなし》県でキャンペーンを張って手伝いましょうか」という申し出までしたのですが、「治安においては、とにかく静かにすることが大事なので、何もしないのがいちばんよい」というような答えが返ってきました。

それを聞いて、私は、「ああ、この長官は駄目だな。これはやられるな」と判断したのですが、案の定、そのとおりになりました。

敵の考えていることに思いが至らず、何の警備も付けずに、のこのこと自宅のマンションから歩いて出てきて、撃《う》たれています。

彼は、「管轄《かんかつ》は警視庁なので、狙われるとしたら警視総監《そうかん》のほうだろう」と思っていたのです。「官僚《かんりょう》組織図から見ると、東京で現場の警官を動かしているトップは警視総監であり、警察庁のほうは全国の警察組織を束ねている事務方なので、警察庁長官などを狙うはずがない」と考えていたわけです。

実際、現場の警察を動かしている警視総監のほうには、厳重に警備された公舎があるのですが、警察庁長官のほうは、荒川《あらかわ》区のマンションから気楽に歩いて出てきて車に乗っていたのです。そのため、「ここを狙われる」と思って警告したのですが、聞く耳を持たなかったのです。

そのように、上がなかなか聞く耳を持たない場合もあるので、困ったものです。

質問力で上司の本心を探《さぐ》りつつ、企画《きかく》・提案せよ

少し脱線《だっせん》しましたが、結局、何を言いたいのかというと、「営業を強化するためには質問力を高めることが大事だ」ということです。

とにかく、お客様に尋《たず》ねることで営業は強化できるのですが、それがなかなかできないのです。

また、会社内部での企画《きかく》・提案においても、実は、質問力が役に立ちます。上司が部下に仕事の指示をするときには、本当は「自分ならこうする」という結論をすでに持っていることが多いので、上司に幾《いく》つか質問をすればよいわけです。

公式・非公式の場を使って上司に質問し、どのあたりに本心があるかを探《さぐ》り、その方向で進めていけばよいのですが、そのへんの本心を探る努力が少し足りないの

です。

例えば、社長が、「こういうものをつくりたい」というイメージを本当は持っているにもかかわらず、現実に設計をするのは工場の責任者だったりします。そのときに、社長に上手に質問すればよいのですが、質問力が弱いために、結局、企画・提案力が弱くなってしまうのです。

普通《ふつう》は、上の人にはねつけられるのが怖《こわ》いので、なかなか企画・提案ができないのでしょうが、それを避《さ》けるには、幾つか質問することを習慣にすればよいのです。

企画・提案を拒否《きょひ》されることを恐《おそ》れてはいけません。やはり、こういうものは、「百個企画して、そのうちの三つが通ればよい」と思わなければいけないのです。「企画したものが全部通る」などと思うのは、まだまだ仕事としては甘《あま》いのです。「百個、企画・提案をして、三つ通ればよいほうだ」と、そのくらいに思っておかなければいけません。

「企画・提案をしたが、拒否されて傷ついたので、もう二度としない」などというのは、まだまだプロの領域には達していないのです。少しでもよくなることを何か思いついたら、次から次へと企画・提案していくことが大事です。

その際、先ほど述べたように、「では、あなたがやってみなさい」と言われても、受けて立つだけの覚悟《かくご》を持って企画・提案していくことが大事です。

それができることが大事であり、ただ単に指示を待っている人たちというのは、残念ながら、これからの乱気流時代のなかを生き延びることはできないだろうと思われます。

そういう人たちは、「指示を出すほうの側は、的確な情報がなければ指示を出せない」ということが分かっていないのです。的確な情報をつかめれば、「このようにする必要がある」と判断して指示を出すことができますが、そもそも情報が上がらなければ、的確な指示を出せないわけです。そのことが分かっていません。

「下のほうは正確な報告を上げず、上から指示が来るのを待っているだけ」というのは、お互《たが》いに何も仕事をしないで済ませるのに、いちばんよいパターンなのでこれは、会社が潰れないような状況であればまだよいのですが、危険な状況にある場合には、まずいと思わなければなりません。

途中《とちゅう》経過をタイムリーに報告せよ

大きな話は抜《ぬ》きにしても、こまめに的確な報告を上げてくる部下は、信用されます。とにかく、こまめに報告を上げることです。

もし、上司から、「あなたに全部任せたよ」と言われても、それを本気にしては駄目です。「任せた」と言われた場合、任された人は、その結果がどうなったかを報告する義務があるのです。そして、結果が出るまでに時間がかかる場合には、折々に途中《とちゅう》経過を的確に報告する必要があります。そうすると、上司は、「ああ、ここまで進んでいるのだな」ということが分かります。

あなたに仕事を任せた上司は、それを忘れているわけではないのです。任せた以上、きちんと覚えているのですが、「部下から何も報告が来ない」というのが、いちばん信用がなくなるスタイルです。

たとえて言えば、山で、「ヤッホー」と言って、やまびこが返ってこない状態です。「ヤッホー、ヤッホー」と一人で叫《さけ》んでいるだけで、やまびこが返ってこないというのは、ものすごく虚《むな》しいものです。

「この仕事を任せる」と、部下に委《ゆだ》ねた場合、必ず何らかの報告が返ってくることを上司は期待しているのですが、完璧《かんぺき》なものにしてから報告を上げようとして、何年も先に延ばしたりしてはいけません。研究開発ではないので、「十年後に、結論が出る」などというわけにはいかないのです。世の中は、そんなには待ってくれません。

したがって、結論が出るまでに時間がかかる場合には、途中経過をタイムリーに報告していく必要があります。この報告ができない人は、やはり、出世する資格がないと言わざるをえないのです。

「任されたのだから、この仕事は、全部、自分のものだ」と思うのは間違いです。

「任せる」ということは、「本当は自分がやりたいのだけれども、ほかにもいろいろな仕事があって自分ではできないので、この部分をあなたに預けた」ということなのです。ですから、預かった以上は、「どのようになったか」の報告が要《い》るのです。

例えば、銀行や証券会社に資産の運用を任せた場合、定期的に報告が来るでしょう。それと同じように、任されたら、その進捗《しんちょく》状況をきちんと報告し、「最終的にどうなったか」ということまで詰めなければいけません。そうしないと、上司は、「自分が指示したことを、部下は聞いてくれているのか。それとも握《にぎ》り潰したのか」ということが、さっぱり分からないのです。

リストラ時代に生き延びられるかどうかは、そのあたりの判断ができるかどうかにかかっていると言えます。

「提案付きの報告」ができる社員はリストラされない

今後は、単なる「指示待ち族」はリストラされると思ってください。「何もしなくても、会社に乗っかっているだけで偉《えら》くなれる」というのは、日本的伝統ではあるのですが、これからは、それが通用する時代ではなくなります。「上にドーンと乗って蓋《ふた》をしている」という感じの指導者では、残念ながら、もたない時代に入ってきたということです。

さらに、上の人が忙《いそが》しい場合には、単に報告するだけでは駄目です。報告の際に、「今、こういう状況になっておりますが、このようにしたほうがよいのではないでしょうか」という提案まで付けて報告する必要があるのです。それが、上の人の時間をセーブ（節約）することになります。

「対応の選択肢《せんたくし》としては、これとこれがありますが、私としては、こちらがよいと思います」という提案まで付けて報告すれば、時間のセーブになるのです。上のほうも、問題点を丸投げされたら大変なので、提案まで付けて報告するとよいでしょう。

そういう社員が、リストラされることはほとんどありません。これからは、有害社員は当然ですが、無能社員、指示待ち族社員なども生き残れない時代に入ると思われるので、どうか、心して難局に当たっていただきたいと思います。

第2章

不況《ふきょう》に打ち克《か》つ社員学入門

1　今、自らに問うべきこと

現在、日本は不況期《ふきょう》にあるため、私は経営論等もいろいろと説いています。これまで、社長向けの経営論や女性経営者のための経営論も説きましたが、不況で困るのは、経営者だけではありません。やはり、一般《いっぱん》社員のほうも、生きていく道を探《さぐ》る意味では、さまざまに考えなければいけない時期です。

そこで、本章では、役職に関係なく、「社員」という立場で心掛《こころが》けていなければならないことで、私なりに思いついたことを述べていきたいと思います。これは、ある意味では、「不況期にリストラされない方法」であるかもしれないし、「不況にもかかわらず出世する方法」でもあります。

もちろん、一社員の身であっては、会社の倒産《とうさん》を防ぐのは、なかなか大変なことです。その責任はやはり経営陣《じん》のほうにあるので、自らが経営の責任者でないかぎり、そこまでは、なかなかできないのです。いくら社員の身分で頑張《がんば》っても、会社が潰《つぶ》れることはあります。

しかし、それでも、「一隅《いちぐう》を照らす」、すなわち、「自分に与《あた》えられた持ち場のなかで、きらりと光る仕事をし、何らかの貢献《こうけん》をする。あるいは、周りの社員の勇気の原理になる」ということはありうるだろうと思います。その意味で、努力は無駄《むだ》ではありません。

「トップの能力が低ければ、不況を乗り切れない」ということを考えれば、倒産の原因は、ほとんどの場合、上層部にあると言えます。「魚は頭から腐《くさ》る」と言われるように、会社も上から腐っていきます。ただ、時間はかかりますが、胴体《どうたい》や尻《しっ》尾《ぽ》などの下のほうも、だんだん腐っていくのです。

つまり、会社が潰れそうになっているときには、腐っているのは頭だけではなく、胴体や尻尾のほうも腐ってきていると思われます。時差は多少あるかもしれませんが、会社には、魚の腐り方と似たようなところがあると考えてよいと思います。

その意味で、不況期には、潰れる会社が数多く出てきますし、もちろん、その責任のほとんどは経営陣にあるわけですが、社員たるもの、「何らかの貢献ができたのではないか」という後悔《こうかい》は残るのではないでしょうか。たとえ自分の会社に、何十人か何百人、あるいは何千人か何万人かの社員がいて、自分の責任が、数百分の一や数千分の一だったとしても、そういう後悔は残るものです。

したがって、会社が潰れる前に、やるべきことは、やらなければいけません。

また、不況期に強くなって伸《の》びていく会社もあります。やはり、こうした時期には、「自分のなせることは何か」を問うていくことが大事なのです。

2　勤勉さが道を拓《ひら》く

リストラされないための最低限の条件とは

全般《ぜんぱん》的に、業種を問わず、役職や立場を問わず、一般論として、「不況《ふきょう》に打ち克《か》つ社員学」というテーマで、今、言えることは何でしょうか。それを最も単純化して言うならば、やはり、「勤勉であれ」ということです。

まず、「自分は勤勉かどうか」を問うてください。

社員全体が勤勉な会社は、不況期でも熱気があり、元気であることが多いものです。一方、会社が傾《かたむ》いてくるときには、たいてい、怠《なま》け者が増えてきます。「手を抜《ぬ》いて仕事をそこそこにし、ほかのことをやり始める」「関心が会社の外《そと》にあり、遊びのほうに頭が行っている」などということが多く、会社の危機に気がつかない人が多いわけです。

したがって、今、自分の置かれている立場がそれほど高いものでなくても、常に、全社的な問題や経営の問題に関心を持ち、いろいろなものをいち早く察知しようと努力すると同時に、自分の与《あた》えられた持ち場のなかで、勤勉な努力を積むことが大事です。

その勤勉さのなかには、「仕事における勤勉さ」だけではなく、「オフ・ビジネス（仕事を離《はな》れた私生活）における自己形成という意味での勤勉さ」も含《ふく》まれています。

これが、不況期全般にわたってリストラされず、しかも、場合によっては、不況にかかわらず昇進《しょうしん》していくための最低限の条件なのです。

「世の中を少しでもよくしたい」という志を立てよう

もちろん、この勤勉さに、熱意や情熱が伴《ともな》っていることが望ましいでしょう。そうした「熱意を伴う勤勉さ」があれば、何とか切り抜けていけるだろうと思います。

あるいは、これから会社がバタバタ潰《つぶ》れると思いますが、万一《まんいつ》、自分の勤めていた会社が潰れたとしても、一定の期間を置いて、またどこかに転職しなければいけませんし、自分で会社をつくらなければいけなくなるかもしれません。しかし、「勤勉に働いた」ということに対する実績というか、自信のようなものが、次の活《かつ》躍《やく》の舞《ぶ》台《たい》で生かされることがあるのです。ゆえに、熱意を伴う勤勉さを大事にしていただきたいのです。

では、勤勉さのもとにあるものは、いったい何でしょうか。それを考えると、私は、やはり、「志」という言葉が思い浮《う》かびます。古い言葉ですが、どうしても、「志」という言葉が出てくるのです。

それは、「世の中に対して、微力《びりょく》であっても、何らかの愛の一滴《ひとしずく》を加えたい」という気持ちであり、大きな言葉で言えば、「人類の進歩にわずかなりとも貢献《こうけん》したい」という気持ちです。「世の中を少しでもよくしたい」という思いです。そういう志が、勤勉さのもとにあるのです。

自分の持ち場はたとえ小さくとも、「そういう志があるかどうか」ということで、その人の未来は大きく変わっていきます。

もちろん、「志が降って湧《わ》いてくるか」と言えば、そうではないでしょう。志とは、仕事をしているうちに、だんだん、出てくるものなのです。

最初は、小さな志でもよいのですが、仕事をしているうちに、だんだん目覚めてくることがあります。「ある日、突如《とつじょ》、天啓《てんけい》に打たれて目覚める」ということもありますが、やはり、「仕事をしているうちに、だんだん本気になってきて、熱意を帯びてくる」というのが、本当のところです。必ずそうなると思います。

自分の「生き筋」にこだわったイチローや王貞治《おうさだはる》

世の中で新しいことを生み出していくには、何が必要でしょうか。一般的には、「生まれつき天才的な才能に恵《めぐ》まれている」「インスピレーションやひらめきがある」などということが言われますし、実際、有名になった人には、そういうものがあるように見えます。

確かに、客観的に見て、才能やインスピレーションなどが本当にあるのかもしれませんが、当の本人のほうは、そちらのほうにあまり重点を置いていないことが多いのです。

分かりやすい例で言えば、プロ野球のイチローや松井秀喜《まついひでき》がそうでしょう。イチローにしても、「あなたは天才ですね」と言われて、おそらく、素直《すなお》に「はい。うれしいです」とは言わないと思います。むしろ、「自分がやってきた地道な努力を、十分に分かってくれているのかな」と感じることのほうが多いでしょう。「結果だけを見て言うのは簡単だが、『天才』とか『才能』とか、そういう一言《ひとこと》で片付けてくれるな」と思うのではないでしょうか。

日本人が大リーグに行き、不滅《ふめつ》の記録をつくるというのは、普通《ふつう》はありえないことです。その結果だけを見れば、イチローは天才的な人だろうと思いますが、その陰《かげ》には、きちんと積み上げてきた努力があるのです。

その努力は、まだ無名の少年時代、父親に連れられ、毎日バッティングセンターに通っていたころから始まっています。有名な選手になるずっと前、アマチュアの少年野球のレベルのときから、毎日バッティングセンターに通うなど、日々練習を積み重ねていたのです。

また、イチローは、「振《ふ》り子打法」と言われる、独特の打ち方をしています。そのため、彼がまだ日本の球団にいたとき、ある打撃《だげき》コーチからフォームを直すように指導されたところ、それを拒否《きょひ》して、二軍に落とされたことがあります。コーチのほうは、「二軍に落とせば変えるだろう」と思ったのかもしれませんが、イチローはかたくななまでに変えませんでした。自分なりに努力を続け、「これだ」という確信を持っていたために、それにこだわったわけです。

要するに、「人と同じようにやればよい」というものではないのです。人には、それぞれ、自分にとっての生き筋があります。イチローはそれを知っていたので、自分の型を変えなかったのでしょう。

古い話になりますが、かつて巨人軍《きょじんぐん》の四番を打ち、のちに監督《かんとく》にもなった王貞治《おうさだはる》氏にも同じような話があります。王氏が、現役《げんえき》時代、フラミンゴ打法と呼ばれる一本足打法を始めたときは、もう悪評さくさくでした。「あれではバランスが悪すぎるし、どうしてもワンテンポ遅《おく》れる。あんな打法で打てるわけがない」ということで、当時のスポーツ新聞は、どこも、「やめろ」「やめろ」の〝大合唱〟だったのです。

そのときは、荒川《あらかわ》コーチという人が王氏を指導しており、彼は、天井《てんじょう》から吊《つ》るした紙切れを日本刀で素振りして切る練習など、普通ではないような特訓をしています。一本足打法だとタイミングを合わせるのが難しいため、そういう特訓をしたようですが、ほかの選手がまねをしても、なかなかできることではないでしょう。それは、ひとつの、野球的な悟《さと》りではあると思います。

このように、天才というのは、あとから見れば確かに「天才」なのですが、それまでの間、自分なりの努力・精進《しょうじん》をそうとうしているものです。

そして、最終的に「才能がある」「天才だ」などと言われるようになるのは、たいてい、自分の型《かた》をかたくななまでに守り、精進を続けたような人なのです。ほかの人のまねをせず、自分なりに「これぞ」と思ったものを究《きわ》めていった人が、非凡《ひぼん》の極《きわ》みに至ることが多いわけです。

人と違《ちが》うことを始めると、最初は、周りから理解されず、認められなかったり反対されたりします。しかし、実績が出てきて、多くの人からまねされるようになると、今度は、自分独自のものと思っていたことが、ありふれた平凡なことになっていきます。ゆえに、批判されたとしても、どうということはありません。

例えば、イチローは、自分のことを取り上げた新聞記事やニュースなどを、まったく見ないことに決めているそうです。そういうものを見ると、やはり情緒《じょうちょ》が揺《ゆ》れるというわけです。

彼は、「どうしても自分の耳に入ってくるものもあるが、次の試合に影響《えいきょう》が出るので、自分を取り上げた新聞やニュースなどは見ないことにしている。そもそも、自分がどう書かれているかについて関心もない」というようなことを言っていますが、その気持ちは分かります。それは、ほとんど精神的な理由によるものでしょう。集中力を維持《いじ》するために、「自分について書いた記事を見ない」という〝企業《きぎょう》努力〟をしているわけです。

一般的には、彼のことをほめている記事が多いでしょうが、やはり、スランプのときには、批判記事も書かれるわけです。そして、それを読むと、もっと落ち込《こ》んでしまうこともあるのでしょう。当然、それなりにナイーブなところはあるのだと思います。

結局、人それぞれに、「自分に合ったやり方」というものを編み出していかなければなりません。そのやり方は人それぞれですが、非凡の極みに至った人を見ていると、その裏には必ず「精進」「勤勉さ」があります。さらには、「人の意見をよく聞く」場合もありますが、「聞かずに押《お》し通す信念を持っている」場合もあります。

努力を重ねるなかに、「天の助け」が加わる

人は、後付けで、「あの人は才能がある」「天才だ」などと言うものです。あるいは、一生懸命《いっしょうけんめい》に考えて何かアイデアをひらめいた場合でも、それを「インスピレーション」と呼び、一言で片付けてしまうこともあります。しかし、私は「基本的に、こつこつとした努力の積み上げによって、能力は加速度的に向上していく」と思うのです。

私は霊的《れいてき》な能力を持っているため、ある意味では、インスピレーションのかたまりです。おそらく、私ほどインスピレーショナブルな人はいないはずです。しかし、私ほどインスピレーションに頼《たよ》っていない人もまた珍《めずら》しいと思います。実際、私はインスピレーションをそうとう受けていますが、それに頼っていないことも間違いないのです。

世の宗教家のなかには、霊能者もたくさんいます。彼らは、神を名乗るものから

インスピレーションを受け、彼らなりの教えを説いてはいます。

ただ、延々と、新しい境地を開拓《かいたく》し、新しい道を拓《ひら》き、新しい領域に踏《ふ》み込んでいくためには、やはり、この世的な努力や工夫、精進が要《い》ります。それをしない者は、やがて同じことしか言わなくなるのです。これは、どのような宗教家にも言えることです。

私は、もし健康が許せば、自分が六十歳《さい》になろうと、七十歳になろうと、八十歳になろうと、新しい本を書き続ける自信があります。その自信の根拠《こんきょ》は、単に、「インスピレーショナブルだから」ということだけではありません。私は常に勉強し続けています。常に新しい情報についてアンテナを張り、それを吸収し続けているのです。

要するに、私の場合、インスピレーションが加わってはいますが、インスピレーションだけに頼っているわけではありません。本当は、インスピレーションがあろうがなかろうが、私は本が書けます。そして、また、「そういう人にかぎって、インスピレーションもまた降りてくる」という具合になっているわけです。

「天は自ら助《たす》くる者を助く」といいますが、まさしくその通りです。努力を重ね、「インスピレーションがなくてもできる」という状態になると、不思議なもので、インスピレーションが降りてきます。苦しいときの神頼《だの》みで、「とにかく何かを教えてください」というような状態では、神様も、めったに助けてくださるものではないのです。そういうところがあります。

したがって、基本的には、「この世的にやるべきことを勤勉に成し遂《と》げていく」という精神態度を持ち続けることが大事です。

批判や悪口をさんざん言われた私の新入社員時代

読者のみなさんのなかには、現在、人間関係で悩《なや》んでいる人も多いだろうと思います。

特に、イチローのように、普通の人とは違うような実績を残す人は、個性が強く、変わっていることが多いものです。おそらく、その実績が人々から認められるようになると何も言われなくなると思いますが、それまでの間《あいだ》は、悪口や批判を言われたり、挫折《ざせつ》したりすることもかなり多いでしょう。「その間《かん》を耐《た》えられるかどうか」「それだけの自己信頼《しんらい》を持てるかどうか」ということには、けっこう厳しいものがあります。

おそらく、周りの人から誤解されることも多いであろうと思います。

自分の話で恐縮《きょうしゅく》ですが、私も、会社に入って間もない新入社員時代には、誤解に基づく批判や悪口、あるいはいじめを、かなり受けたような気がします。私は、それをあまり気にしないように努力していましたが、こちらの知らない事実に基づいて批判されるようなこともありました。

例えば、「鳴り物入りで会社に入ってきたのに……」というような言い方をされたこともあります。私としては、鳴り物入りで入社したつもりは全然なく、「たまたま入った」ぐらいに思っていて、別に威張《いば》っているわけでもなかったのですが、

「彼はものすごい引きを受けて入ったらしい」というような言い方をされたこともあったのです。

読者のなかには、東京大学出身の人もおられるでしょう。その人は、ご自分の〝頭〟と相談したら、おそらく、私の意見に賛成されると思いますが、東大を出たからといって、「仕事で一回間違えたことについて、もう二度と同じ間違いはしない」ということはありません。しかし、私がトイレに行って帰ってくると、先輩《せんぱい》たちが「東大を出た人は、一度間違えたことは、二度と間違わないらしい。そういう頭脳なのだろう」などと噂《うわさ》していたのです。

そんなことはありません。東大出身であろうと何回でも間違えます。東大生の頭というのは、事務的なことをさせられると、それこそ、普通の人よりも間違う可能性が高いような頭脳なのです。

要するに、周りの人から、「全然、間違わないのだろう」と思われているなかで、私がいろいろと間違えるので、私への批判が厳しくなったわけです。

さらに、今度は、「東大を出ているのに、うちの会社に入ったということは、よほど欠陥《けっかん》があるのではないか」と、逆に疑われ始めたりもしました。

しかし、実は、私の場合、そういう頭ではなかったのです。「事務的なことをピシッとできる」ということに関して言えば、むしろ、そろばん等を教える商業学校を出た人のほうが、完璧《かんぺき》な仕事をします。

一方、私は、もう少し大きな目で、いろいろなものを見たり考えたりするような能力に優《すぐ》れているため、細かい事務的なことで競争をさせられると、その方面の頭脳が発達している人には勝てないのです。

もっと具体的に言えば、「入社してすぐにそろばんを渡《わた》されても使えない」ということです。

小学校のとき、一回ぐらい、そろばんを練習した記憶《きおく》がありますが、それだけで、そろばんが使えるわけがありません。当時、会社の人たちは、「東大を出ていたら、そろばんぐらい使えるだろう」と思っていたようですが、そんな、ばかな話はないでしょう。

今は、もう、そろばんなど使っていないでしょうが、私が会社に入ったときは、そろばんをポンッと渡され、「商社だから、そろばんぐらい使えるのは当たり前だ」などと言われたのです。もう〝真っ青《まっさお》〟になりました。きちんと教わったことがないので、できるわけがありませんし、練習を始めたところで、長年、珠算《しゅざん》をやってきた人に勝てるわけがありません。しょせん勝ち目がない戦いでした。

「計算機はどうだ?」とも言われましたが、当時の私は、計算機を打ったこともありませんでした。暗算にしても、しばらく使っていない能力です。「何もできないのか」と訊《き》かれ、「そのとおりです。筆算《ひっさん》だったらできます」と答えましたが、筆算でも、ときどき引き算を間違って怒《おこ》られました。

学生時代には、あまり大きな数字は扱《あつか》わないものです。学生であれば、自分の小《こ》遣《づか》いであっても、せいぜい「万」の単位まででしょう。使えるお金はそのくらいであり、百万円を超《こ》える額は、めったに見ることがありません。しかし、会社に入ると、「千万」どころではなく、「億」や「十億」、あるいは、それ以上の額が出てくるのです。要するに、そんなに大きな桁《けた》の数字を扱ったことがなかったため、その引き算や足し算をすると、ときどき間違えてしまうわけです。

桁が大きすぎてよく分からないので、「間違えても誤差のうちだ」などと思っていると、上司からは「十億円が誤差のうちか！」と叱《しか》られましたし、「少し間違えただけです」と言おうものなら、「十億円も間違えられてたまるか！」と怒られました。

それは、そうでしょう。ほんの少しの書き間違いではありますが、それで実際にお金が動くわけですから、十億円というのは、間違いとしては大きいでしょう。

このように、入社一年目は、「なぜ、こんなにできないのか。意外にばかではないか」という批判をそうとう受けました。一種の下からの攻撃《こうげき》をそうとう受けたのです。

私のことが分かる人は、「判断業務に入っていったら、やがて仕事ができるようになるだろう」と好意的に見てくれましたが、たいていの場合、「東大法学部の卒業生なのに、なぜ、足し算・引き算もできないのか」などとさんざんばかにされたのです。そういう覚えがあります。

しかも、入社当時、私は英語もあまりできませんでした。もちろん教養学部では勉強しましたが、専門学部に行ってからは、ほとんど勉強しておらず、「すっかり忘れてしまった」というようなレベルだったのです。

ほかの人たちは、商社に来ている以上、当然、英語を勉強してきていました。帰国子女の人もいましたし、あるいは、旅行や語学研修で海外に行ったり、語学学校に通ったりして、英語を勉強してきた人がたくさんいたのですが、私は、「英会話はこれからです」というような状態だったのです。

そのため、入社一年目は、「あなたは計算もできないし、英語も話せない。それでよく商社に来たな。人事部のほうが間違えて、『すごく有能だ』と勘違《かんちが》いして採用してしまったらしい。会社としては、〝ババ〟を引かされたわけだ」というような感じで、さんざんの悪評を受けたのです。

ただ、直接、私の仕事のミスを見ていない、はるか上のほうにいる上司は、私に期待をしていました。私の手仕事を見ていない人は、「なかなかスケールが大きそうだ」「元気がよさそうだ」と言ってくれていたのです。

一方、私のミスの山によって、直接、被害《ひがい》を受けている人たちからは、さんざんな言い方をされました。「あなたがやった仕事をダブルチェックしなければいけないではないか。余計な仕事が増えるので、あなたがいないほうが早い」と言われ、もう泣きかけました。

このように、新入社員当時には、私も、そうとうの批判や悪口を受け、みじめな気分を味わったのです。

先輩《せんぱい》が仕事を教えてくれなかった理由

新入社員当時、私の態度は大きかったようです。より正確にいうと、自分としては、そうしたつもりはないので、態度が大きく見えたわけです。そのため、一、二年上の先輩《せんぱい》が、仕事の仕方をわざと教えてくれませんでした。

要するに、私の訊き方が悪かったのです。丁寧《ていねい》に礼儀《れいぎ》正しく、「教えてください」とお願いすれば、きちんと教えてくれたのでしょうが、私の態度が大きいために、訊きに行っても、「そのくらい自分で分かるだろう。大学で習わなかったのか」などと言われ、知ってか知らずでか、教えてくれなかったのです。

私の頼み方が悪く、ゴマもすらず、頭も下げないので、「あいつは放っておけ」というのが、先輩たちの合意事項《じこう》だったようです。「放っておいたら、もっと苦しんで暴《あば》れるだろう」ということで、私は、周りから知らん顔をされ、放っておかれたのです。

大学での勉強は法律や政治が中心であり、一部、経済も勉強しましたが、貿易や外国為替《かわせ》については、構造も専門用語も知らなかったため、分からない言葉が多く、本当に苦労しました。

「先輩が教えてくれない」ということに対しても、「忙《いそが》しいからだ」と言われれば、それまでです。しかし、何も教えてくれないのに、「仕事をしろ」と言うのは、少しひどいのではないでしょうか。当時は、そう思ったものです。

最初、私は輸出外国為替課に配属されましたが、外国為替について勉強したことがなく、何も分かりませんでした。いきなり、「電話を取って仕事をしろ」と言われても、できるわけがありません。どう考えても、そうでしょう。

しかたがないので、ほかの人が仕事をしているのを観察したり、本を読んで勉強したりしながら、仕事を覚えていくしかありませんでした。

ちなみに、大学によっては、財務諸表論や外国為替論などを教えるところもあります。例えば、一橋《ひとつばし》大学や早稲田《わせだ》大学、慶応《けいおう》大学などがそうです。そういう大学で専門的に勉強し、知識を持っている人も、社内にはいました。

そして、大学でそういう勉強をしたのに財務部門に入れなかった人からも、嫌《いや》みをそうとう言われました。「おまえのように何も知らない奴《やつ》が、どうして財務に入れるんだ」というようなことを、ずいぶん言われた覚えがあります。
そういうことで、結局、私は、人からあまり仕事を教わらなかったのです。

入社二年目で「外国為替《かわせ》の教科書」を書き、評価が変わった

このように、入社一年目は悪評さくさくでしたが、二年目になると、がぜん変わってきました。えぐれていた状態からグーッと上がってきて、それ以降、加速度的に浮上《ふじょう》していったのです。

何が変わったのでしょうか。

入社二年目になると、新入社員が下に入ってきますが、私は、その新入社員向けに、『外国為替《かわせ》の実務入門』という本を書いてしまったのです。一年間、自分が本を読んで勉強した内容と、実際に仕事で実践《じっせん》してきたことをまとめて、仕事の仕方をすべて体系化し、百ページぐらいのマニュアル本をつくったわけです。

それをコピーして製本し、新入社員たちに、「私は苦労したけれども、君たちに

は苦労させたくないので、一年間、自分が苦労したことを体系化しました。ここに、外国為替の一般的な考え方の概論《がいろん》と、用語の説明、それから、実務の仕方がすべて書いてあるので、これを読んでチェックすれば、仕事ができます」と言って渡したのです。上司にも提出したら、驚《おどろ》いて仰天《ぎょうてん》していました。「何も教えていなかったはずなのに、いつの間に！」という感じです。

私は、マニュアルというか、外国為替についての教科書、テキストを書いたわけですが、これは仰天ものであり、会社が始まって以来、初めての出来事だったようです。これをきっかけとして、「やはり仕事ができるらしい」という感じになってきて、周りの反応が急に変わっていきました。

一見、仕事ができないように見えても、「実は仕事ができる」という人もいます。そういう人の場合、要するに、潜《もぐ》っている時間が長いだけなのです。オリンピックの水泳選手は、プールに飛び込んでから水面に出てくるまでの間に、ずいぶん時間がかかりますが、それと同じです。潜っている間は、仕事ができない人のように見えても、仕事ができるようになって浮上してくれば、本当に仕事の全体像が見えてくるところがあるわけです。

そのように、外国為替全般についてのテキストを一年かかって書いたことにより、その後、私への評価が変わっていきました。

英語についても、入社当時は当然できませんでしたが、大ぼらを吹《ふ》いたために泥《どろ》縄《なわ》で勉強せざるをえなくなり、さらに、実践で英語を使っているうちに、いつの間にか、できるようになっていきました。

私も、商社時代は、それほど簡単に、手放しでスーッと行ったわけではなく、ずいぶん苦しんだのです。

「公的な目的を持っているか」が問われる

さらに、私は、個人的に、お酒を飲むのがあまり好きではなかったし、マージャンなどもしなかったので、「協調性がないのではないか」という攻撃もかなり受けました。どちらかといえば、勉強をしたり、本を読んだりすることが好きだったので、そのための時間を確保しようと、わざと付き合いの範囲《はんい》を狭《せば》めていたのです。そして、そのときに勉強していた部分が、今、宗教家としての蓄積《ちくせき》になっています。

もちろん、付き合えないことはなかったのですが、わざと範囲を狭め、「少なくとも土日のどちらかは絶対に時間を確保しよう」と努力していました。そのことに対して、「付き合いが悪い」と言われたこともありましたが、私は、こつこつと努力していました。そういう努力は、必ず、どこかで実を結ぶものなのです。

したがって、「人様は認めてくれるものだ」と、それほど簡単には思わないほうがよいでしょう。

ただ、自分の考えていることがエゴイスティックなものでなければ、周りの人も、いつかは、そのことを分かってくれます。周りの人の目には、最初は自己中心的にやっているように見えるかもしれませんが、「この人は、本当は会社のためにやっている。決して、自分の出世のためだけにやっているわけではないのだ」ということとが分かってくれれば、しだいに理解してくれるようになり、自分への評価や対応などが変わってくるのです。そのへんは知っておいたほうがよいと思います。

要するに、「自分は、公的なものを何か感じ取っているかどうか。あるいは、公的な目的を持っているかどうか」ということが問われているわけです。

公的な目的や公益性のようなものを持ちながら、個人的に努力している人に対しては、やはり、それほど悪くは言えないところがあります。単なる野心家ならば、周りから叩《たた》かれますが、そうではないことが分かってくると、だんだん信用がついてくるのです。

ただし、最初から、「周りの人に全面的に認められよう」とは思わないほうがよいでしょう。そして、「自分の型はどうしても変えるべきではない」と思うならば、自分の型を守りながら精進していったほうがよいと思います。必ずしも、「みんながこうしているから、自分も、こうしよう」などと思って、周りに迎合《げいごう》する必要はありません。自分に合ったやり方があれば、それを押していくことがよいのです。

不況期には、こうした勤勉性を大事にしてください。以上、私自身の恥《は》ずかしい例を入れながら、勤勉であることの大切さについて述べました。

3　語学への関心を持つ

「不況《ふきょう》に打ち克《か》つ社員学」として次に述べたいのは、「外国語の必要性は、やはり減ることはない」ということです。

どのような企業《きぎょう》においても、外国語の必要性は増える一方です。今後は、国際的な方面に出て行かないかぎり、会社を伸《の》ばすことはできません。メーカーであろうとなかろうと、国際方面に深くかかわりを持たないかぎり、会社が大きくなることは、ほとんどないのです。

したがって、「語学への関心」を持つべきです。特に不況期においては、語学が次の武器になってくる可能性は高いと言えます。

語学にもたくさんの種類がありますが、隙間《すきま》を狙《ねら》ってほかの人が使えない語学を習得し、それがうまくはまれば、専門家として使ってくれることもあるでしょう。

しかし、メジャーなのは、やはり英語です。今、国際語としては英語しかありません。いろいろな言語がありますが、英語は国際語なので、勉強に同じ時間数をかけるのであれば、生産性においても、将来性においても、可能性としては、やはり英語が最も高いのです。「勉強の成果が出る可能性、および、会社等に貢献《こうけん》できる可能性」という意味では、英語にかけた時間は無駄《むだ》にはならないと思います。

ただ、英語も、すぐにはできるようにならないので、やはり継続《けいぞく》した努力をすることが大事です。少し勉強しても効果は出てきますが、人より長めに継続して努力すれば、成果が確実に出てきます。人と同じ程度のところで止《や》めれば、それ以上には行きませんが、人より長く勉強すれば、成果ははっきりと出てくると思います。

その意味では、あまり、うぬぼれは持たないほうがよいでしょう。むしろ、凡人《ぼんじん》性の自覚を持ち、こつこつと努力することを勧《すす》めたいと思います。そういう姿勢でいたほうが、長く努力できるので、よいのです。

たまに、「自分は英語の天才だ」「語学の天才だ」などと言う人もいますが、私はあまり信じないほうです。

例えば、シュリーマン（トロイ遺跡《いせき》を発見した考古学者）は、何カ国語も使えました。遺跡を発掘《はっくつ》するためには文献を読まなければいけないので、彼は、発掘への情熱から、語学を勉強したのでしょう。確かに、彼のように、ほかのことは一切《いっさい》無視して、語学だけを勉強するのであれば、何カ国語もできるようになるかもしれません。しかし、今の時代は、いろいろな仕事をしなければならないので、語学だけ何種類も勉強するというのは、そう簡単には行きません。したがって、一つに絞《しぼ》るとしたら、やはり、英語ができるようになるのがよいと思います。

語学についても、「継続は力なり」ということを述べておきます。

4　眠《ねむ》っている力を引き出すためのヒント

フェアに判定してくれるアメリカ人

以前にも述べたことがありますが、人の判定については、日本人よりも、意外と、外国人、特に英米人のほうがフェア（公平）です。

日本人同士の場合、何カ月か、あるいは何年か付き合っていても、正当に判定や評価をしてくれないことが多いのですが、外国人の場合、「一回会っただけ」とか、「五分ぐらい話しただけ」とかで、そうとうフェアに判定してくれるのです。これについては、私がまだ商社にいたころ、アメリカで受けた印象がいまだに抜《ぬ》けていません。

ニューヨーク勤務時代、私の英語はそれほどうまくはなかったのですが、アメリカ人と会話をしていると、ときおり、相手から「あなたはこういう人だ」とズバッと言われることがあり、それが実によく当たっていました。初見《しょけん》で、かつ、下手な英語を話しているにもかかわらず、私の才能や能力、性格、人格的なものを総合して、「こうだ」と言ってくるので、本当に驚《おどろ》きました。

知り合いの日本人は、私のことを、「ずっと付き合っていても全然分からない」と言っていましたが、英米人にはすぐ分かるようでした。私は非常に下手な英語を話していたのに、「あなたは、けっこうインテリジェントな人で、レリジャス・パーソン（宗教的な人格）でしょう」と言ってくるので、驚きです。私が下手な英語で話していても、それが分かるらしいのです。しかも、正直に言ってくるので、さらに驚きました。

当時、私は、「アメリカ人は物事を公平に判定する人たちなのだな」と感じ、アメリカ人を大いに見直したのを覚えています。日本人の場合、残念ながら、偏見《へんけん》が多いというか、色眼鏡で物事を見るところがありますが、英米人の場合、わりに白紙の状態で人を見て、「こういう人でしょう」と言ってくるわけです。これは、すごいことだと思います。

日本とアメリカとでは、「人の登用の仕方」が全然違《ちが》う

今、アメリカの大統領は、オバマ氏が務めています。私は、「彼の政策や考え方で行くと、アメリカは危険な状態になるし、それは日本にとってもあまりよろしくない」と考えて、批判をしていますが、そうはいっても、「アメリカという国はすごい」といまだに思います。

オバマ氏の母親は白人ですが、父親はケニアからの留学生です。そして、彼は、ハワイで生まれたあと、両親が離婚《りこん》して母親がインドネシア人と再婚したため、インドネシアへ移り、そこでイスラム系の学校にも通っています。

こうした経歴を持つ人が、黒人初のアメリカ大統領に選ばれ、「イスラム教徒との融和《ゆうわ》」を訴《うった》えながら、一方では、アフガニスタンへの爆撃《ばくげき》を繰《く》り返しているわけ

です（説法当時）。

やはり、「アメリカは相変わらず、すごい国だな」と思います。日本人には、アメリカ人のような人の選び方や使い方はできないでしょう。そのことは、同じようなシチュエーションを想像してみれば、分かると思います。

例えば、「日本に来ているケニア人男性と、どこか南のほうの国に住んでいる日本人女性が結婚し、その子供として生まれた人が、韓国《かんこく》あたりの外国の学校に通い、日本の大学を出たあと、やがて日本の総理大臣になる」というようなことを想像してみればよいのです。日本人の感覚では、それは考えられないことでしょう。

やはり、アメリカ人のフェアネス（公平さ）はすごいと思います。「この人はできる。才能がある」ということに対しては、かなりフェアなところがあり、そこが、アメリカの凄《すご》さなのです。「アメリカ人は、人間の平等性と自由性を信じている」というのは本当です。

一方、日本の歴代の総理大臣を見ると、「名家《めいか》かどうか」「何代も続いた政治家の家系かどうか」というようなことが、いまだに横行しています。これは、「政治家を選ぶときに、血筋だけを見ていて、個人的な才能についてほとんど判定ができていない」ということを意味しています。日本人は、人を見抜く目がまだ十分に成熟していないのです。

したがって、日本人が、英語圏《けん》で勉強することはまだまだ多いでしょう。それは、語学としての知識だけではありません。文化的にも学ぶべきものがまだまだあると私は思っています。

アメリカは没落中《ぼつらく》ではありますが、そんなに簡単になめてはいけません。まだ底力はかなりあります。特に、人の登用の仕方、選び方において、日本とは全然違《ちが》うものがあるのです。

「女性や若者の才能」を十分に開発し切れていない日本

さらに、アメリカに関して気がつくのは、「女性の優秀《ゆうしゅう》さ」です。この優秀さには、本当に驚かされます。日本の女性で驚くほど優秀な人には、めったに会えませんが、アメリカには、そういう女性がたくさんいます。やはり、「男女にかかわらず、能力がある人を使う」という条件があれば、女性であっても優秀になっていくのでしょう。

例えば、息子《むすこ》のブッシュ政権のとき、ライス氏という、アフリカ系黒人の国務長官（日本でいう外務大臣）がいました。この人は、「ＩＱ（知能指数）が二百あるのではないか」と言われるほど頭がよく、父親のブッシュ氏が大統領だったときにも、大統領に国際政治を指南していました。

やはり、「アフリカ系黒人の女性に国務長官を任せる」というのは、すごい国です。能力のある人に対して権限をパッと与《あた》えていく大胆《だいたん》さには、すごいものがありますが、実際、ライス氏が、それだけ優秀な人であることも事実です。

アメリカには、彼女のような頭のよい女性が、けっこういます。その意味では、日本はまだ女性の才能を十分に開発し切れていません。カルチャー的な要因もあるのでしょうが、女性の才能の使い方がまだまだ十分ではないのです。

同様に、日本では、能力の高い若者が、まだまだ埋《う》もれています。どちらかといえば、本来、会社で出世しなければならないような人が、スピンアウトして転職し、自営業などを始めているケースは多いだろうと思います。

経験を積むと「若者の悩《なや》み」が取るに足らなく見えてくる

確かに、若い人を評価するのは難しいことです。人は年齢《ねんれい》相応に物事を考えるので、どうしても、自分の年齢を中心に価値判断してしまうのです。

ただ、それは、ある意味では、当たっています。

評論家の渡部昇一《わたなべしょういち》氏は、いろいろな本のなかで、「若いころは、誰《だれ》もが『夏目漱石《なつめそうせき》はいい』と言うけれども、自分のように年を取ってくると面白《おもしろ》くなくなる」というようなことをよく述べています。漱石の作品は、ほとんどが三十代から四十代に書かれたものですが、その年齢よりも自分が年を取ると、作品に出てくる人生の悩《なや》みなどが、くだらなく見えてくるそうです。

つまり、「年を取ると、漱石が書いている大問題のようなものが、取るに足らないものに見えてくる。われわれであれば、簡単に解決できるようなことを、主人公が延々と悩んでいる」と渡部氏は書いています。

例えば、明治時代も、借金は大きな問題だったようであり、漱石の作品には、借金を返せない苦しみがメインテーマの小説もあるのですが、渡部氏は、「今それを読むと、主人公がくだらないことで悩んでいることが分かる」とも述べています。

確かに、一定の年齢になれば、若い人の悩みが取るに足らないものに見えてくるのは、よくあることです。経験を積んだり、自分の身の周りで何度も同じような問題を見たりしてくると、そういうことが分かってくるのです。

しかし、自分にとって初めて出合った人生問題の場合には、それがものすごく大きい問題に見えてしまうのです。

以前、東京正心館《しょうしんかん》（当会の研修施設《しせつ》の一つ）で質疑応答をしたとき、ある青年女性から、「事業を始めようと思って貯《た》めていた四百万円を知り合いに貸したところ、返ってきません。どうしたらよいでしょうか」という質問を受けました。

本人にとっては、事業資金がなくなったわけですから、それはやはり、大問題でしょう。しかし、経験を積み、ある一定の年齢になった人であれば、事前に担保として何かを押《お》さえていたはずです。あるいは、「危なそうだ」と思えば、そもそも貸すのをやめていたかもしれませんし、貸すにしても半分ぐらいにしていたかもしれません。しかし、経験がないと、こういうことが分からないのです。

お金の問題に関しては、昔、学校の先生から、「人がお金を借りに来たときには、『まず返ってこない』と思いなさい」と教わったことがあります。

「個人的にお金を借りに来るような人は、だいたい、お金を返せないと思ってよい。確実に返せるようであれば、銀行が貸すはずである。銀行が貸してくれないような筋《すじ》のものだから、個人的に借りに来るのであって、そういう人に貸したら、もう返ってこないと思いなさい。

ただし、全部、断ったら、友情がなくなって付き合いができなくなるから、言ってきた額の十分の一だけを貸してあげなさい。そして、『それはもう返ってこないものだ』と思って、あきらめなさい。最初から、『あげるもの』だと思って、お金を貸しなさい。そうすれば、友情は壊《こわ》れないし、あなたも損が少なくて済む」

こうしたことを、社会科の先生をしていた人から教わったことがあるのです。

その後、実際に、「お金を貸してほしい」と頼《たの》まれたとき、「これは返さなくていい」と言って、十分の一ぐらいの金額を相手に渡したことがあります。十分の一でも渡してあげると、相手も、まったく拒否《きょひ》されたという印象は受けないようでした。

ただ、やはり、そのお金は返ってきませんでした。学校の先生が言っていたとおりです。一年後に訊《き》くと、相手は、私から借りたことさえ、ほとんど忘れていました。「そんなことがあったのか」というような返事で、全然、覚えていないのです。

人間というのは、どうやら、人から借りたものについては、都合《つごう》よく忘れていくようです。故意ではなく、〝善意〟で忘れていく人もいるのです。

以上、夏目漱石の小説を例に挙げて、「経験があれば分かることが、若い人にはなかなか分からない」ということを述べました。確かに、これはそのとおりです。しかし、その半面、「経験論だけで行くと、若い人のなかにある能力や才能を使い切れない」ということもあります。若い人の「斬新《ざんしん》な見方」や若い人が感じ取っている「新しい時代の息吹《いぶき》」などを経験論だけで判断していると、新時代を見抜くことができないのです。

したがって、若い人の意見を聴《き》いてあげることが必要です。

若い人の能力を引き出すために心掛《こころが》けるべきこと

私は、若いころ、上の人に対しても、いろいろなことをガンガン言うほうでしたが、話をきちんと聴いてくれるタイプの人が好きでした。思いついて言っていることのなかに、たとえ、その人に対する批判や悪口に相当するものが含《ふく》まれていたとしても、それを受け止めてくれるような上司や先輩《せんぱい》には、やはり好感を抱《いだ》いたものです。

若いころの私は、「相手に悪いことを言っているのかな」と思いつつも、「これはおかしいと思います」などと平気で言ってしまうほうでした。そして、私に痛いところを突《つ》かれ、こたえているにもかかわらず、「あなたが言うのだから、そうなのだろう」と言って、ある程度、受け入れてくれる人もいたわけですが、やはり、そのときには、とてもうれしかったことを覚えています。

したがって、自分の子供が何か意見を言ってきた場合には、ジェントルマンあるいはレディーの意見として聴くようにしていると、たとえ判断としては五分《ぶ》五分程度のものであっても、意見を言う側としては、自分が認められたように感じて、その後、一回り大きくなってくることがあるのです。

逆に、「そんなことが子供に分かるか」と言って、パシッと切ってしまったら、子供たちは、もう何も言わなくなるでしょう。そのため、意見を言ってくる場合は、どうしても受け入れられないもの以外はある程度聴くようにすることも、大事な心《こころ》掛《が》けの一つかと思います。

仕事においては、年齢や経験が大事な場合もあれば、それらに関係なく、才能や知識、新しい感性等を受け入れなければいけない場合もあります。そのため、上の人には、グッドルーザー（潔《いさぎよ》く負けを認める人）になるというか、若い人によく負けてあげる面も必要です。そうしなければ、「新しいもの」はつくれません。

特に、感性に絡《から》む新商品の開発や新しい産業に関しては、年齢のことをあまり言いすぎるのはよくないことだと思います。

年上の人に、自分の意見を聴《き》いてもらうための条件

「自分より年下の人を一人前に扱《あつか》う」「年下の人の意見を聴く」「年下の人から学ぶ」というのは、けっこう大変なことです。

私は三十歳《さい》から幸福の科学の仕事を始めましたが、当初、私の説法《せっぽう》を聴《き》いてくれているのは、私より年上の人のほうが多かったのです。「年下の人の説教を聴くの

は大変だろうな」とは思っていましたが、それでも、大勢の人が聴いてくださったわけです。特に、私が三十歳のときには、九十歳の人まで聴いてくれていました。

このように、私は、年上の人に引き立てられて今日《こんにち》があるわけです。

ただ、経験的には当然足りませんでした。自分でも、人生経験が足りない説教であることは自覚していて、「やはり、知識・教養の面で、ある程度は頑張《がんば》らなければいけない」という気持ちを持っていたのです。

若くても、知識・教養の面では、ある程度、専門的なものを持つことができるので、「それについては、年上の人たちよりも多く持てるように努力する」というのは、個人としてやらなければならない努力だったと思います。

そうした、「一定の努力をしている」という姿勢を持つと同時に、一定の礼儀《れいぎ》正しさを持っていれば、目上の人でも受け入れてくれるものです。

したがって、先ほど述べたことと反対になるかもしれませんが、若い人の場合、生意気に見えすぎないように努力することが大事です。そうすれば、年上の人でも、きちんと意見を聴いてくれることがあります。

上の人に受け入れられず拒否された場合、それは、自分のマナー（態度）の問題なのか、それともマター（内容）の問題なのか、そのへんはよく考えたほうがよいでしょう。

マターはよくても、マナーが悪いために聴いてもらえないこともあるので、そのへんは大事にしたほうがよいと思います。礼儀はきちんと守りつつ、言うべきことをきちんと申し上げるということが大事です。

これからの時代、特に不況期《ふきょう》においては、企画《きかく》・提案は非常に大事です。企画・提案が出てこなければ、新しい仕事の芽はなきに等しいのです。

そういうものは、若い人ほど思いつきやすいのですが、そのなかには、くだらないものが現実にはたくさんあります。したがって、上の者には、「くだらないものは見逃《みのが》して、きちんと篩《ふるい》にかける目」が必要でしょうし、一方、下の者には、「くだらないと言われて蹴《け》られても、負けずに発言していくだけの気概《きがい》」が必要でしょう。

ともあれ、企画力・提案力はとても大事なことです。

5　報告・連絡《れんらく》・相談における注意点

仕事を任されても、それは「全権委任」ではない

報告・連絡《れんらく》・相談のことを、よく「ホウレンソウ」と言いますが、これは、そう簡単にできることではありません。

最も無難なのは、「指示待ち族」になることです。「指示を受けて、そのとおりにだけやる」という仕事の仕方をすると、身の安泰《あんたい》を護《まも》りやすいからです。

確かに、「上司から言われなければしない」「余計なことはしない」「催促《さいそく》されなければ報告をしない」というようなことをすれば、自分の身は守れるかもしれませ

ん。しかし、それでは、会社の危機を救えないし、ましてや、会社の発展に貢献《こうけん》することもできないのです。

また、本書第1章でも述べましたが、上司から仕事を任されたときは、「全権委任された」と思ってはいけません。それは間違《まちが》いです。

仮に「あなたに任せるよ」と言われたとしても、それは全権委任されたのではなく、「この仕事の担当はあなたです」と言われたにすぎません。上司は、本当は自分でその仕事をしたいのですが、ほかにも仕事があるので、「担当はあなたです」と言って、その仕事を振《ふ》っているだけなのです。

したがって、「自分の仕事だから、自分勝手に全部やってよい」というわけではありません。

上司は、本当は自分でやりたいけれども、自分の手が足りないので、ほかの人に任せているのです。「任せたよ」と言われたからといって、単純に「任された」と思い、「百パーセント、自分の好きなようにしてよいのだろう」と考えてしまったならば、それは絶対的な間違いなのです。

上司の立場に立って、タイムリーな報告・連絡《れんらく》・相談を

やはり、「任された」と思えばこそ、的確な報告が要《い》ります。つまり、任せてくれた上司の立場に立ち、「あの人だったら、そろそろ中間報告が聞きたいだろうな」「どういう問題点が出てきたかを知りたいだろうな」などと考えなければいけないのです。

そして、タイムリーに上司へ報告をし、「こういう問題が出てきましたが、どうしましょうか」と、判断を仰《あお》ぐことが大事です。

そのときに、「いや、構わないから、そのままやりなさい」と言われる場合もあるでしょうが、「それであれば、こちらに考え方を変えたほうがよい」と言われる場合もあります。仕事の途中《とちゅう》には、このように、考え方などが変わる「重要ポイント」があるので、きちんと伺《うかが》いを立てたり、報告をしたりする癖《くせ》をつけなければ駄《だ》

目《め》なのです。

繰《く》り返しますが、「任せたよ」と言われて、その言葉を本気で受け取っては駄目です。「自分の代わりにやってほしい」と言われていると思わなければいけません。

仕事を進めるに当たっては、「上司がその仕事をするとしたら、どうするか」ということを常に考えると同時に、「上司であれば、ここで迷うだろうな。その場合、どう判断するだろうか」と思うようなことについては、上司にきちんと報告・連《れん》絡《らく》・相談をしなければいけないのです。

「任された仕事は、すべて自分の好きなようにやってよい」と思ったら大間違いなので、気をつけてください。

6　厳しさが人を育てる

仕事というのは、上司の「人の善し悪し」に関係なく、「厳しさ」を含《ふく》んでいるものです。それを知っていなければいけません。

ある外国人の著書に、『幸之助論《こうのすけろん》』という本があり、そこでは、松下幸之助に関する面白《おもしろ》いエピソードが紹介《しょうかい》されています。それは、松下幸之助が、晩年、何人かの幹部を招き、昼食会を開いたときの話です。

料理としてステーキが出たのですが、当時、すでに八十歳《さい》を過ぎていた松下幸之助は、全部を食べることができず、半分残しました。そして、食べ終わったとき、これを調理したコックを呼んできてほしいと頼《たの》んだそうです。「店長ではなく、コック長のほうだ」と念を押すので、頼まれた人は「何を言うのだろう」と思い、恐《おそ》る恐るコックを呼んでくると、松下幸之助は次のように話したといいます。

「ステーキを半分残したけれども、味が悪かったからではありません。とてもおいしかったです。私は、もう八十歳を過ぎ、全部食べられるほどの体ではないので、半分残したわけです。何も言わずに、これを返したら、『味がお気に召《め》さなかったんだな』と、ショックを受けるかもしれないと思い、あなたを呼んでもらったのです」

昼食会に招かれていたある幹部は、このやり取りを見て、「幸之助さんは、聖人のような人だ」と感心したといいます。

さらに、その本には、その幹部が五年後に経験した話も載《の》っていました。

当時、その幹部が担当していた事業部は赤字を出していました。そこに、相談役の松下幸之助が来て、「売り上げが一千億円もあって赤字とは何事か！　こんな経営は絶対に許せん！」と、顔を真っ赤にして怒《おこ》られたそうです。ステーキを半分残し、「気を悪くしないように」と言っていた人とは、もう別人です。

そのとき、その事業部は、本社から二百億円の融資《ゆうし》を受けて、急場を凌《しの》ぐことになっていたのですが、松下幸之助は、「そんなことは許さん。一千億円も売り上げがあって赤字を出すようでは、事業部長以下、経営幹部がなっていない。本社からの二百億円の融資は全部引き上げさせる。本社には絶対出させせない」と言うわけです。

そこで、「しかし、相談役、二百億円の融資が出なければ、社員の給料が払《はら》えなくなります」と言うと、松下幸之助は、「そのとおりだ。ただし、こんな経営はありえない。絶対駄目《だめ》だ。それなら、会社を立て直す経営計画をつくれ。どうしたら黒字になるかをパシッと書いて、わしに持ってこい。そうすれば、銀行に『この再建計画は間違《まちが》いないから融資してやってくれ』と書いてやろう。紹介状があれば、銀行は借してくれるはずだ。本社からは金を出さない」と答えたのです。

その幹部は、松下幸之助がものすごく怒っているのを見て、「これが、あのときの幸之助さんと同一人物か」と困惑《こんわく》したそうです。

このように、松下幸之助は、個人的には非常に優《やさ》しいところのある人でしたが、仕事に関しては、非常に厳しい面を持っていました。すなわち、「放漫《ほうまん》経営をして、安易に赤字を出すことは許さない。考え方を変えれば、赤字を乗り越《こ》えられるのに、本社を頼《たよ》り、本社から金を借りようとしている。そんな安易な考え方は許さない」と言って激怒《げきど》するような、そういう二面性があったわけです。こうしたことを、ある外国人の経営学者が本に書いて、報告しています。

確かに、人間としては優しく、人に対しては親切であったほうがよいでしょう。ただ、仕事においては、やはり、「厳しさ」というものがなければ駄目です。これも、「不況に打ち克つ社員学入門」として言えることです。

放漫経営につながるような脇《わき》の甘《あま》さ、例えば、無駄なコストや無駄な投資、間違った事業計画等に厳しくメスを入れ、修正しなければいけません。仕事において、こうした厳しさを持つと同時に、人間としては、人間味溢《あふ》れる優しさを持つことが大事です。こうした相矛盾《あいむじゅん》する性格を持っている人が、一般《いっぱん》的には「徳がある」と判定されるのです。「両方において優しい」というのは駄目です。「幸之助さんは、ステーキを半分残して『済まなかったな』と言うような人だから、『これだけ赤字が出ました』と報告しても、『そうか、残念だったな。次回、頑《がん》張《ば》りなさい』と励《はげ》ましてくれるだろう」と思うかもしれませんが、そんなことは言いません。「放漫経営は断固許さない」と言っているわけです。

結局、彼は、「そんな甘い態度では駄目だ」ということを教えたかったのです。「事業部として任せた以上、きちんとした経営をしなければ許さない」ということです。

こうした厳しさが人を育てる面もあります。このことも知っておかなければいけません。

7 「常に自らの真剣《しんけん》を磨《みが》く」という努力を

下手な英語でも「中身」が相手に伝わる

本章の第3節で、「英語の勉強もしたほうがよい」と述べましたが、若い人にとって、特に語学は努力を測られるメジャー（物差し）の一つです。

確かに外国語は難しいものです。例えば、日本に来た外国人のなかには、日本語で仕事の話をする人もいますが、普通《ふつう》は、変な発音で日本語を話しています。

ただ、そうした外国人が、「まるで青天《せいてん》の霹靂《へきれき》ですね」などと言ったら、それを聞いている人は一瞬《いっしゅん》のけぞってしまうでしょう。下手な発音で、下手な日本語を話している外国人が、いきなり、「青天の霹靂」のような難しい言葉を使ったら、普通の人は驚《おどろ》くと思います。

「青天の霹靂」は、日本人であっても、知らない人もいるような言葉です。そういう難しい言葉を使われたら、たとえ発音が下手であっても、一瞬、相手に敬意を感じ、「この人を甘《あま》く見てはいけないな。意外と中身のある人かもしれない」と思うのではないでしょうか。

実は、英語においても、これと同じようなことが起きます。

日本人の場合、英語の発音はどうせ下手でしょう。滑《なめ》らかな英語はなかなかしゃべれないものです。しかし、会話のなかで、外国人であっても知らない人がいるような英語をときどき使うと、相手は「この人はよく勉強しているな」「専門的な知識を持っているな」と感じることがあるのです。

「青天の霹靂」という言葉の場合、英語では何通りかの言い方があります。例えば、"a bolt from the blue" という言い方があります。"a bolt" は「雷《かみなり》」、"the blue" は「青空」という意味です。つまり、「青空から落ちてくる雷」ということであり、これは、日本語の「青天の霹靂」とほとんど同じ言い方です。

例えば、誰《だれ》かが急に昇進《しょうしん》したというときに、日本人が、すかさず"It's a bolt from the blue."などと言うと、今度は、外国人のほうが、「こんな英語を知っているのか」と驚くわけです。向こうにとっても、まさに青天の霹靂です。

ニューヨークで英語説法《せっぽう》したときのエピソード

数年前、私は、ニューヨークで英語説法《せっぽう》をしましたが、そのときのエピソードを一つ紹介《しょうかい》しましょう。

私は、事前に、「ニューヨーカーたちはうぬぼれていて、『日本人の英語をちょっと聴《き》いてやろうか』という感じで、聴きに来るだろうな」と予想していました。そこで、「ちょっとぐらいは、からかってやろう」と思い、説法のなかで、ある英語を使ったのです。

私がニューヨークに行く前、世間では、「冥王星《めいおうせい》は惑星《わくせい》と言えるかどうか」ということが話題になり、科学雑誌や新聞の科学欄《らん》などに、「冥王星は直径が小さいので、惑星に値しないかもしれない」というような記事がよく載《の》っていました。

結局、冥王星は、惑星から準惑星に格下げになりましたが、これをきっかけとして、一部のアメリカ人の間で、“be plutoed”（格下げされる）という英語が使われるようになりました。“Pluto”は、本来、「冥王星」という意味の名詞ですが、その名詞を動詞に変え、“be plutoed”という受身形にして、冗談《じょうだん》めかして使うのが流行《はや》ったのです。

これは、辞書には載《の》っていない言葉ですが、英語の新聞のコラムや英語の雑誌などを読んでいる人であれば、知っています。

そこで、私は、この“be plutoed”という言葉を説法のなかで使ってみました。「ニューヨーカーたちは、どうせ、『下手な英語だ』と思って、私の英語説法を聴いているのだろう」と思ったので、一カ所だけその言葉を入れてみたのです。

すると、一部のニューヨーカーは笑いましたが、一部のニューヨーカーはまったく反応しませんでした。後者の人たちは、この言葉を知らなかったわけです。おそらく、科学関係の記事などは読まない人たちだったのでしょう。

そして、"be plutoed" という言葉を知っていて笑ったニューヨーカーたちは、「この人は、こういう最新の英語まで勉強しているのか」と思ったわけです。「昔、アメリカにいました」「昔、英語を勉強しました」という人は、つい一、二年前につくられたような英語を、まず知りません。聞いたこともなければ、辞書にも載っていないからです。

要するに、反応した人たちは、けっこう親近感を持ってくれるというか、「この人は、普通の日本人とは違って、自分たちと同じレベルまで知識領域があるらしい」ということを理解してくれるわけです。

一方、反応しなかった人たちは、「この人は、自分たちよりも物事を知っているかもしれない」と思ったことでしょう。そして、「発音が悪い」「文法的にたくさんミスを犯《おか》している」などということを、いつの間にか忘れてしまい、「自分の分からない単語を使われた」という事実だけが、頭に残ることになるわけです。

私が、英語説法をするときには、ときどき、こういうことをします。外国人が「青天の霹靂」という言葉を使って、日本人が驚くのと同じようなことが、私の英語説法の際には、現実に起きているのです。

最後には「幅広《はば》い教養」が効《き》いてくる

逆のケースもあります。

例えば、「通訳の資格を持っているような日本人ガイドが、ものすごく流暢《りゅうちょう》な英語をしゃべっていたのに、ある瞬間を境に、突然《とつぜん》パタッと何もしゃべれなくなる」という光景を、私は何度か目撃《もくげき》したことがあります。

ガイドの場合、いつも案内している観光コースについては、いくらでも流暢に説明できますが、思想的な内容や政治的な内容、哲学《てつがく》的な内容など、自分が関心を持っていないような話になると、突如《とつじょ》、まったくしゃべれなくなります。そして、沈《ちん》黙《もく》の状態が一定時間続くと、ガイドとしては、ほぼ役に立たない状態になってしまいます。そういうことが、けっこうあるのです。

何が言いたいかというと、要するに、「幅広《はば》い教養を身につけることも必要である」ということです。

ほかにも、似たような事例がありました。

昔、アメリカの西海岸、カリフォルニアのほうを旅行したとき、英語をペラペラとしゃべる日本人ガイドがいました。そのガイドに、私が、「このあたりは、ピーター・ドラッカーの家の近くですね。ところで、ドラッカーは知っていますか」と訊《き》くと、その人は、ドラッカーのことを知らなかったのです。

世の中には、経営学者のような存在について、何も知らない人は当然いるわけです。それで、そのガイドは、とたんに沈黙してしまいました。知らなければ、もう話にならないわけです。

したがって、「英語をペラペラと話せる」という自信を持っていたとしても、やはり、常に興味関心や教養を広げ続けておくことが大事です。いつ何時、どのような話題が入ってくるかは分からないので、「そのときに備え、常に〝剣《けん》〟を磨《みが》く」ということを忘れないようにしてください。相手をなめてはいけません。世の中には、いろいろなことを言ってくる人がいるのです。

「英語については、自分のほうがずっとうまい」と思って、ペラペラしゃべっていても、例えば、急に経営の話などが出た瞬間に、沈黙してしまうことがあります。これは、教養がないからです。教養がなければ、何もしゃべれなくなるのです。

このように、知識や教養があると、上下の関係が引っ繰《く》り返ることがあります。最初は、自分のほうが優位に立っていて威張《いば》っていたとしても、知識や教養が足りないと、逆転されてしまうことがあるのです。

私も、過去、相手との関係が急に引っ繰り返るような瞬間を何度も経験しています。ですから、読者のみなさんも幅広く勉強していただきたいと思います。

英語も、最後には、英語の力の戦いではなく、実は日本語の戦いになります。「日本語としての教養を、どの程度、持っているか」ということが、本当は効《き》いてくるのです。ある分野に関する教養がなければ、それについて英語で話すことは、実際には不可能です。

例えば、「日本語で宗教について語ることのできない人が、それを英語で語ることができるか」と言えば、そんなことは、ありうるはずがないのです。日本人には、宗教教養がない人はいくらでもいるでしょう。そのため、外国人から宗教について訊かれると、日本人は何も答えられなくなるのです。その意味でも、知っていることを増やすことが大事です。

本章の最後に、「不況期《ふきょう》には、特に勉強が非常に大事である。『常に自らの真剣《しんけん》を磨く』という努力を忘れてはならない。それが、社長だけではなく、一般《いっぱん》社員においても大事な心掛《こころが》けである」ということを述べておきたいと思います。

第3章

幸福の科学的仕事法

1　仕事の成功も「幸福になる道」

幸福の科学は、人間が幸福になるための方法を、この世的視点とあの世的視点の両方から探究しているところです。

私は、ときおり、仕事についての話もしていますが、「どうしたら幸福になれるか」というテーマに対する答えのなかには、「仕事そのものがうまくいき、成功し、幸福になる」という道もあると考えているのです。

仕事のほうで成功できなければ、その人が、この世で生み出す価値は、どうしても低くなります。しかし、仕事をして生み出す価値からは、経済的収入が得られ、その結果、家族の幸福や自分の人生の達成感など、いろいろなものが満たされていくのです。

その意味で、「幸福の科学的仕事法とは、どういうものなのか」を研究・探究することは非常に大事だと思います。

本章で述べることは、もちろん、仕事法のすべてを網羅《もうら》してはいません。ただ、少なくとも、ある程度、核《かく》に当たる部分については説くことができると思います。

そして、それは、私が、過去、実際に使った、経験済み、実証済みのやり方です。

つまり、本章で述べることは、私自身が用いたことであり、その結果についても実証が終わっています。各人によって、それぞれ向き・不向きはあるでしょうが、間《ま》違《ちが》った使い方さえしなければ、誰《だれ》がどのように使ったとしても、おそらく、一定の成果は出るだろうと考えているのです。

2 「明るく積極的で肯定《こうてい》的な人生観」を持つ

自分の性格のなかにある、
「成功的要因」を引き出し、「失敗的要因」を抑《おさ》えよ

仕事に取り組むに際しては、まず、「仕事に対する精神的態度」というものが大事です。「仕事を、どのように考えるべきであるか」「仕事に対して、どのような態度をとるべきであるか」ということは、結局、仕事における成功法の大きな部分を占《し》めていると私は考えているのです。

確かに、性格というものは、人によって違《ちが》います。そのなかには、生まれつきの性格もあります。そして、「赤ん坊《ぼう》として生まれたとき、親からもらった性格によって、すでに成功・失敗は決まっている。二十歳《はたち》を過ぎてから、いかにもがこうと、

どうしようもないのだ」という考え方もあるかもしれません。

しかし、こういう考え方をするのは、やや情けないと思うのです。

もちろん、生まれついての性格はありますし、それぞれの人に性格の違いはありますが、その現状を単によしとするのではなく、「自分の持っている性格のなかから、いかに、成功的要因を引き出すか。あるいは、失敗的要因が発芽しないように抑《おさ》えるか」ということが大事なのです。

失敗する人には、失敗要因のほうを育て、成功要因のほうを自ら潰《つぶ》していく傾向《けいこう》があります。

性格は、もちろん、生まれによって違います。親が同じきょうだいであっても性格が違うぐらいなので、まったく同じ性格の人はいません。そして、たとえ、生まれつきの性格が、どのようなものであったとしても、「最高度の場合、ここまで成功できる」というところから、「最低の場合、ここまで失敗する」というところまでの可能性の幅《はば》が、一定の範囲《はんい》で存在するものなのです。

要するに、「自分に与《あた》えられた可能性の幅の間で、いかに、成功の芽を育て、伸《の》ばしていくか」ということが大事なのです。

「心に描《えが》かれた絵」は同種のものを引き寄せる

成功の仕方についての考えには、いろいろなものがあると思いますが、いちばん大きな成功の方法は何であるかというと、やはり、「人生に対する積極的な態度」です。これが大きな仕事をします。

どれほど優秀《ゆうしゅう》な人であっても、非常に暗いものの考え方をしている人は、自ら失敗を招き寄せます。同じく優秀な人であっても、心が暗いものを求めている場合と、明るいものを求めている場合とでは、結果が違ってくるのです。

心がどちらの方向を向いているかによって、物事に対する反応の仕方は、どうしても違ってきます。

すなわち、明るく、積極的なほうを目指している人は、やはり、そういうものを磁石のように引きつけてきます。ところが、「心の絵」として暗いものを描《えが》き、暗いものを求めていると、見事に、その種のものを引き寄せてくるのです。これが不思議なところです。

例えば、自分の子供がテストで八十点を取ったとき、間違えた二十点のほうを大きく評価するか。それとも、取った八十点のほうを大きく評価するか。見方としては両方あると思います。どちらの場合も、八十点という結果は同じですが、その評価の仕方によって、その後の展開は変わってきます。

「八十点も取れたのだ。あと二十点頑張《がんば》れば満点ではないか」という見方もあるでしょうし、「二十点も間違えたのだ。おまえは駄目《だめ》だ」という見方もありましょう。この二つの考え方が代表的にはあると思うのです。

ただ、どちらかというと、「八十点も取れたではないか。もう一頑張りすれば、もっと行くぞ」と言ってくれたほうが、子供は成長していきますし、成功していく道に入っていくのは確実なのです。しかし、間違ったほうだけを一生懸命《いっしょうけんめい》に言われると、子供は、だんだん、めげていきます。

子供でもそういうことが言えますが、大人でも基本構造はまったく同じです。

いつもいつも自分の失敗ばかり考えている人。自分の失敗を考えている時間が長い人。朝、目が覚めてから、ずっと、過去の失敗・現在の失敗ばかりを考えて、「明日《あした》も失敗するのではないか」と思っているような人。こういう人は、やはり、見事に失敗することが多いのです。

これは恋愛《れんあい》においても同じです。

昔から、「つぶやく者の恋《こい》は成就《じょうじゅ》しない」とよく言われますが、「前の恋人のとき、こういう失敗をしたから、自分はもう駄目なのだ」などという愚痴《ぐち》をこぼしてばかりいる人は、新しい出会いがあったとしても、必ず自ら潰していきます。

新しい恋人は、以前の恋人とは全然違う人です。その人の両親も違えば、遺伝子も違うし、生まれ育った環境《かんきょう》も違います。まったく別の人間なので、新しい恋人に合った考え方を取らなければいけないのに、昔の幻影《げんえい》をそのまま、新しい恋人に投影してしまうのです。

例えば、「昔、ある恋人と付き合っていたとき、こういうことを言って、嫌《きら》われたことがある。ところが、今回もまた、新しい恋人に同じようなことを言ってしまった」というようなことがあると、「自分はもう駄目だ」と思い、坂道を転げ落ちていくような感じになって、さらに以前と同じような失敗を繰《く》り返していくのです。

要するに、描《えが》いている「心の絵」のパターンが、そのまま現象化して出てきます。これが悪いほうに出たら、実に怖《こわ》いことです。逆に、よいほうで出たならば、非常によい結果が出てきます。

こうした心の法則は、ものの本にはよく書いてありますが、実体験をしてみなければ、なかなか分からないことでもあります。

自らの精神態度を変えれば、展開は変わってきます。同じような能力を持った人間であっても、精神的に惨《みじ》めな生活をしている場合と、やる気がある場合とでは、道の開け方が違ってくるのです。

自分の精神態度は周りの人に影響《えいきょう》を与《あた》える

また、仕事は自分一人では行わないものであり、必ず、商売の相手なり、チームを組んだ仲間なりがいるものです。そして、自らが積極的で肯定《こうてい》的な考え方を持っていると、自分自身が光っているだけではなく、周りの人も元気になってきます。

例えば、野球のチームのなかに、いつも元気でみなを引っ張っていくような選手が一人いたら、どうでしょうか。どんなに試合で負けていたとしても、その選手が「次の回も頑張ろう」と言っていたならば、ほかの選手たちも、あきらめずに頑張ろうとするのではないでしょうか。

明るく積極的な人がいると、周りの人も明るくなりますし、力がついてくるのです。この精神態度は、自分だけではなく、ほかの人の力をも引き出す力を持っているのです。

ところが、仲間のなかに、いつも非常に暗いことばかり言う人がいたならば、せっかく、みなが乗りかかっていたとしても、その人の暗い一言でクシャッと来てしまうことがあります。

また、そういう人が部屋のなかに入ってくると、部屋の雰囲気《ふんいき》は、いつも暗くなっていきます。いわゆる貧乏神《びんぼうがみ》・疫病神《やくびょうがみ》タイプの人です。

その人が、ある部署に配属されると、その部署はもう駄目になってしまう。その人が部屋に入ってくると、同じ部屋にいる人は、みな、やる気がなくなってしまう。こういう人もいます。

このように、本人自身が暗いだけではなく、周りの人のやる気まで削《そ》いでしまうことがあるのです。

これで成功していくのは大変なことです。世の中には、周りの人の心を真っ黒にする能力を持っている人が成功できるような業界、そういう暗黒産業が、もしかしたら、あるかもしれません。ただ、一般《いっぱん》社会で認められている業界においては、あまり成功できないでしょう。

意外に、占《うらな》いなどの産業には、暗いことを言う人のほうが向いているかもしれません。占いなどに来る人は、実は悪いことを聞きたがっているので、的確に悪いことを言えば、相手はお金を払《はら》ってくれるのです。そういう人は大勢《おおぜい》います。そのため、暗いことを言うことによって、儲《もう》かることもあるかもしれません。

しかし、表の社会では、あまり好《この》まれることではないのです。

物事の明るい面を見ていくことが成功の秘訣《ひけつ》

明るく積極的で肯定的な人生観を持つことが、やはり成功の本道です。もし暗いメンタリティー（心的傾向）を持っているならば、努力して、明るい方向に変えるべきです。いや、変えなければいけません。

太陽の光が当たっても、この世のものには、必ず、明るい面と陰《かげ》になる面とができます。陰ができないようにすべてを照らすことはできません。光が当たれば必ず陰もできるのです。そして、陰のほうを重視しすぎる人は、光のほうを見失ってしまいます。

物事には必ず両面があるので、努めて、「明るく建設的な面を見ていこう」としてください。それが、やはり成功の秘訣《ひけつ》です。そういう考え方の人のところに、他の人も「協力したい」と言って集まってきますし、よきアイデアも、お金や物も集まってくるのです。

ところが、陰の面ばかりを見ている人のところからは、いろいろなものが逃《に》げ出していきます。例えば、結婚《けっこん》しても、伴侶《はんりょ》があまりに暗い人だった場合には、一生、一緒《いっしょ》にいるのは、たまらないものです。結婚相手の心が真っ黒けだったならば、結婚したときに、どれほど誓《ちか》ったとしても、逃げ出したくなるのは当然のことです。それは男性であろうと女性であろうと同じでしょう。

世の中の物事には、何であろうと両面があるので、できるだけ明るい面を見ていこうと努力することが大事です。そうすると、本当に実態以上によくなっていきます。次に来るものが、どんどんよくなっていくのです。

これは私も実体験しました。本当にそのとおりでした。

読者のなかには、負け癖《ぐせ》がついていたり、自己破壊《はかい》的な考え方を持ったりしている人もいると思います。そういう人は、「自分の考え方自体が、実は不幸を呼び寄せているのだ」ということを知らなくてはいけません。そして、その考え方を克服《こくふく》し、乗り越《こ》えていくのは、自分自身の力なのです。

例えば、身内の人が亡《な》くなった場合、それを自らの不幸の原因にして何十年も嘆《なげ》くことは、簡単にできます。

ただ、諸行《しょぎょう》は無常《むじょう》であり、人は、やはり死んでいくものです。そして、その人が生きていることが、自分にとっての幸福であったとしても、世の中は移り変わり、次の時代が始まっていきます。死ぬ人もいますが、同時に、生まれてくる人もいるのです。

死ぬ人がいればこそ、また新しい生命《せいめい》が生まれてきます。誰《だれ》も死なずに、年寄りの状態で何百年もずっと生き続けたならば、この世は大変な世の中になってしまいます。

このように、悪いほうだけを考えていくと、この世が闇《やみ》のように見えてきますが、よいことも必ずあるのです。

結局、「その人の持っている触覚《しょっかく》・センサーの部分が何に反応するか」ということが重要ポイントになるわけです。

幸福の科学は、基本的に、よいほうに反応する傾向が強いと思います。根本的には、楽天的で楽観的な面も持っていますし、もし窮地《きゅうち》に陥《おちい》ったとしても、たちまちのうちに挽回《ばんかい》していくだけの力を持っていると思います。

それは、根本《こんぽん》において、建設的なものの考え方を持っているからです。どのような失敗が起きたとしても、次は、それを乗り越えて成功へと持っていくような〝腕力《わんりょく》〟を、当会は思想として持っているのです。

当会の信者にも、そういう〝遺伝子〟は移っていくだろうと考えています。

3 「嫉妬《しっと》」ではなく「祝福」の心を持て

嫉妬《しっと》で人は幸福にはなれない

「明るさ」「暗さ」を見つめていく際には、他人との人間関係の問題が出てきます。嫉妬《しっと》と祝福の問題は、どうしても付きまとってくるのです。

前節では、「物事には明るい面と暗い面の両方があり、そのうちのどちらを見るかによって、人生は変わってくる」と述べましたが、これに気づいたならば、次には、「嫉妬が、どれほど人生において害をなすか」という事実を悟《さと》ることが非常に大事です。これを、できるだけ人生の早いうちに知っておいたほうがよいでしょう。早く知れば知るほど、その人は、その分だけ、より幸福な人生を送ることができます。

「嫉妬によっては幸福になれない」という事実を、まず悟ることです。

どのような人であっても、自分よりよいところを持っているものです。したがって、自分と他人を比較《ひかく》し、自分よりよいところばかりを見て、自己卑下《ひげ》をしていたならば、幸福になれるわけがないのです。

人のどういうところに嫉妬を感じるかといえば、お金、才能、能力、体力など、いろいろな要素があるでしょう。人は、いろいろな面に嫉妬を感じるものです。しかし、嫉妬ばかりを考えている人の人生は、やはり、羨《うらや》むような人生ではないと思います。読者のみなさんも、そう思うでしょう。

いつ誰《だれ》を見ても嫉妬しているような人は、どう見ても、不幸な人生を送っています。私は、見ていて、「気の毒だな」と思います。嫉妬を感じない人のほうが幸福なのです。

自分に、こうした嫉妬癖《へき》があると思う人は、「自分は、人に嫉妬しては、自ら不幸になって、不幸の傷口をなめている。そういうばかげたことを、ずっとやっているのだ」ということを自覚しなければいけません。自覚しなくては直らないのです。自分のなかに暗い方向に引かれる心があると、人と自分を比べて、その人に嫉妬したり、自分の駄目《だめ》なところを思っては傷口をなめ、自分を慰《なぐさ》めたりするようになります。まるで油をなめる猫《ねこ》のように、自分の傷口をなめたがるようになるのです。「これは、成功できない精神態度である」ということを知らなくてはいけません。

他人のよいところを認めることで、自分自身も成長できる

成功している人や優《すぐ》れたところのある人を見たら、嫉妬するのではなく、まず、肯定《こうてい》しなければなりません。

「この人には、優れたところがある」という見方は、好き嫌《きら》いの問題とは別次元のものです。本能的に「好きだ」「嫌いだ」ということはあるかもしれませんが、どのような人に対しても、その人の長所を認めようと思えば、認めることはできるのです。

そして、他人のよいところを認めることによって自分もまた成長します。「他人のよいところは認めないぞ」と言って頑張《がんば》っている人は、結局、人間としての器《うつわ》が大きくなりません。「人のよいところを認めていこう」と思えばこそ、器が大きくなって、自分もまた成長するのです。

ところが、他人の成功などを羨み、「ろくなことをしていないのに、ああなった」などとケチをつけているような人は、さもしい人間になっていきます。

また、他人に嫉妬し、その人の悪口ばかり言っているような人に対しては、通常、尊敬する気は起きません。友達にもなりたくないでしょう。「自分もこのように言われるのかな。それは嫌だな」と思うと、あまり付き合いたくなくなるものです。

しかし、人の長所や人の成功しているところを見ると、いつも、「素晴《すば》らしいところがある人だな」と認めるようなメンタリティーを持っている人であれば、やはり、友達になりたくなってきます。「こういう人であれば、自分もまた、よいところを認めてもらえるだろう」と思って、人が寄ってくるのです。

したがって、自分自身のためにも他人を嫉妬すべきではありません。むしろ、喜んで人の幸福を祝福する気持ちを持たなければなりません。

なかには、「自分が幸福になれないならば、せめて他人を不幸にしたい」という考えを持つ人もいますが、こういう人の人生は、やはり不幸なものになります。人が失敗しているのを見て喜んでいるような人は、少なくとも人生の理想像ではありません。そのようになりたくはないものです。

会社のなかに「成功者を肯定《こうてい》する精神風土」を

自分自身が成功した場合には、「自分以外の方のおかげをかなり受けて、成功したのだ」ということを、なるべく、しみじみと感じてほしいものですし、失敗した場合には、他の人たちの力が足りなかったことよりも、自分自身の努力不足のほうを謙虚《けんきょ》に見つめてほしいと思います。さらには、他の人が成功したならば、それを積極的に肯定《こうてい》したいものです。そういう人格になってほしいのです。

結局、会社のなかで成功する人が出てきたら、その会社は発展するわけですから、成功者が出るのはよいことです。成功者が数多く出てくれれば、会社全体が発展するのであり、それは自分自身に返ってくることなのです。

自分自身が成功しなくても、他の人たちが成功していると、会社としては発展していくので、発展の恩恵《おんけい》は自分自身にも返ってきます。これは、よいことです。例えば、会社のなかに、新しい商売を見つけて成功した人や、売り上げを伸《の》ばした人などが出てきたら、それは、よいことなのです。

したがって、そういう人が出たならば、ほめるべきですし、また、「あの人のようになりたい」と思うべきです。そして、社員がみな、こうであれば、会社としても成功していきます。

ところが、「成功者が一人出ると、大勢で寄ってたかってやっつける」という精神風土のある組織では、誰もが「目立ったことはしたくない」と思うようになります。

さらに、無能な上司がいると、自分が傷つかないような無能な人を自分の周りに侍《はべ》らせ始めます。有能な人を寄せてくると、自分が、ポンコツというか、老いぼれになったような感じがするので、自分が傷つかないような人を集めるのです。そうすると、会社は、ますます傾《かたむ》いていきます。

したがって、組織としても、成功する人や仕事がうまい人を、積極的に肯定する精神風土を持たなくてはいけません。自分自身が成功しなくても、他の人の成功を喜べるような精神風土ができてくると、その組織は必ず発展します。これを知る必要があるのです。

一人ひとりが自分のことのみを考えていたら、結局、縮小均衡《しゅくしょうきんこう》になり、パイ全体が縮んでいきます。そうすると、自分の取り分がなくなっていき、どんどん、じり貧になっていくのです。

やはり、「成功を広げていく」という考え方が大事です。

そして、そのためには、一皮剝《ひとかわむ》けて、他人の成功や才能を肯定し、ほめることのできる心境をつくらなければいけません。そうすることによって、自分自身もまた一段と器が大きくなり、成功を受け入れるだけの素地《そじ》ができていくのです。「祝福できるということは、今、自分に、そういう素地ができようとしているのだ」と考えたほうがよいと思います。

人をほめる場合には「脇《わき》の甘《あま》さ」に気をつける

明るく肯定的で、他人を祝福できる性格は、非常に魅力《みりょく》的な人格ではありますが、一つ気をつけなくてはいけないことがあります。それは、「脇《わき》の甘《あま》くなる人が出てくる」ということです。

脇が甘いと、どのようになるのでしょうか。

まず、人をほめるときに、打算的にほめる人が出てきます。

ほめられれば、人は機嫌《きげん》よく働きます。そのため、心底からそう思ってはいないにもかかわらず、「とりあえず、ほめておけば、人は機嫌よく働く」「ほめることによって人が利用できて便利だな」などと思って、砂糖菓子《がし》に砂糖をまぶしたようなほめ方をしてしまうのです。

次に、悪いことには蓋《ふた》をするようになっていきます。失敗しても、みな、蓋をしていくのです。これは、「悪い面を見ない」ということが、「悪いことに蓋をする」というものの考え方にすり替《か》わっているのです。しかし、「失敗したら、みなで隠《いん》蔽《ぺい》する」という考え方をしていくと、これもまた発展とは違《ちが》う面が出てきます。

非常に明るく建設的な面を見ることは大事ですが、脇が甘くなってはいけません。ここに「智慧《ちえ》」が働かなければならないのです。

世には光明思想家が数多くいますが、そういう人のなかで、成功を煽《あお》っていながら失敗をつくり出す人は、たいてい、この「脇の甘さ」が指摘《してき》されます。

人をほめる際にも、やはり、真情から、心底から、相手のよいところを見なければいけません。「相手を利用したいという気持ちで、人をほめる」という習性のある人は、それが、いわゆる「お上手《じょうず》」「お愛想《あいそ》」のほうになってきてしまい、成功したいと思いつつも、堕落《だらく》したり失敗したりすることがあります。

また、「その人の成功要因ではない面をほめて、その気にさせ、失敗させる」ということもあります。〝よいしょ落とし〟とも言われますが、実際に、こういうタイプの人がいるのです。これについては、その人自身も気がついていないかもしれません。その意味では、「自分は本当に人を幸福にしているのかどうか」ということを自問自答しなくてはいけないと思います。

さらに、ほめることしかしないタイプの人の場合、実際は、性格の弱い人であることもあります。「性格の弱さがあるために、智慧によって、人の間違いや人が転落しそうなところを注意してあげられない」という面があるのです。これは、気をつけなければいけないところです。

デール・カーネギーの『人を動かす』思想の問題点

「生長《せいちょう》の家」的な光明思想には、こうした「失敗隠蔽型」、あるいは「失敗を振《ふ》り返らないようなところ」がありますが、アメリカのデール・カーネギーの思想にも、似たようなところがあります。彼の著書である『人を動かす』という本を見ると、要するに、「とにかくほめれば、人は動く」というような言い方をしています。

そこで、かなり以前になりますが、私もそれを実践《じっせん》してみたことがあります。

確かに、ほめるだけだと、その場で人は喜びます。ただ、「相手が喜んで、機嫌がよくなるから」という理由だけで、いつもほめていると、その評価が正当でない場合には、必ず、ほめられた人が転落していくか、ほめた人自身が不誠実とされるようになっていきます。

カーネギーは、「とにかく、ほめればよい」というような言い方をしていますが、宗教的に見れば、それでは皮相《ひそう》であると思います。それは上辺《うわべ》だけであって、本当の意味で、「人を動かす」「人を生かす」というところまでは行っていないのです。そのような印象を私は受けました。

私にも、初期においては、そういう失敗の経験がありました。

人を生かすためには、本当によいものは、「よい」とほめることが大事です。しかしながら、「このままでは、この人は失敗する」と思ったときには、単にほめればよいわけではありません。

その際には、きちんと仕事面での詰《つ》めを教える必要があります。すなわち、その人が、仕事で間違いそうなところや、間違ったところなど、その人を不幸にする面については、きちんと指摘しなければいけないのです。

そして、「人を生かす」という課題を乗り越《こ》えるには、やはり、自分の性格の弱さを克服《こくふく》しなければいけません。本当に人を愛しているのであれば、その人の失敗を願ってはいけないのです。

「このままでは失敗する」という場合には、それを、きちんと事前に教えてあげることも「生かす愛」です。この観点を一つ入れなければ駄目だと思います。

ほめてもらうのは、うれしいことです。しかし、もう一段、仕事のグレードを上げるためには、ほめるだけでは通用しないことがあります。やはり、グレードを上げるための厳しい指導が必要になることもあるのです。

これは、智慧の観点から解決されるべき問題です。

生かす愛のなかの「厳しき愛」として、ときには、叱《しか》らなくてはいけないこともあります。そして、「それが単なる怒《いか》りであるかどうか」ということは、「本当に相手のためを思っているかどうか」ということにかかっています。ここは、「その思いが純粋《じゅんすい》かどうか」が試《ため》されるところなのです。

4 自分の天分で花を咲《さ》かせよ

アサガオの種はヒマワリの花を咲《さ》かせることはできない

人間は、みな、仏子《ぶっし》であり、仏の子としての性質を持っています。

ただ、「仏子としての性質を持っている」ということは、「それぞれの人は、いろいろな花の種子、種《たね》であり、いろいろな花を咲《さ》かせるのだ」ということです。それは、「どの花も、それぞれ個性を持った素晴《すば》らしい存在なのだ」という意味であって、誰《だれ》もがみな、まったく同じ花を咲かせるわけではありません。誰もがヒマワリになったり、誰もがアサガオになったりするわけではなく、それぞれの花は違《ちが》うのです。

この点は誤解しないようにしなくてはいけません。それぞれが持って生まれた天分というものは、やはりあるのです。

なぜかというと、人生は今回だけではないからです。人間は、幾《いく》転生、幾十転生を繰《く》り返し、何千年、何万年と生きてきており、過去に積み上げてきたものがあります。それによって、魂《たましい》の傾向性《けいこうせい》ができているため、必ずしも〝持ち点ゼロ〟で生まれてきているわけではないのです。そのことは、ある程度、知らなくてはいけません。

例えば、過去世《かこぜ》において、人を指導する立場に長くいた経験のある人には、やはり、その方面に秀《ひい》でたところがあります。そのように、人には、いろいろな側面があるので、ある程度の天分はあると言えます。

しかし、それは各人にはまだ十分には分からないため、「自分自身の持っている天分は、どういうところにあるのか」ということを、毎年《まいとし》毎年、成長する過程で自己点検をする必要があります。

「自分の天分は、どういうところにあるのか。また、職場で顔を合わせている他《た》の人の天分は、どういうところにあるのか」ということを、よく見ていかなくてはなりません。

人間の幸福は、やはり、それぞれの人が、その天分に添《そ》って花を咲かせるところにあるのです。

もし、「アサガオの種子」としての素質を持っているのであれば、やはり、見事なアサガオになるべきです。赤いアサガオや青いアサガオなど、いろいろありますが、アサガオである以上、アサガオの花を、一生懸命《いっしょうけんめい》、咲かせるべきなのです。

ところが、アサガオが「ヒマワリになりたい」と一生懸命に願ったら、それは、嫉妬《しっと》になったり、苦しみになったりすることもあります。

ヒマワリは、背が高く、花も大きくて目立ちます。陽気な感じで、よいところがたくさんあります。だからといって、アサガオがヒマワリに劣《おと》るとは言えません。

確かに、アサガオは、ヒマワリよりも背が低いし、花も小さいし、あっという間《ま》に枯《か》れてしまうところがあります。しかし、夏の風情《ふぜい》のなかには、アサガオにはアサガオのよさが、ヒマワリにはヒマワリのよさが、それぞれあるので、自分の天分をじっと見て、「自分の天分はアサガオだ」と思ったならば、アサガオとして精いっぱい花を咲かせるべきなのです。

職業の違いは花の種類の違いのようなものです。いろいろな職業があって、世の中は成り立っています。職業は何千種類も何万種類もありますが、それぞれの職業があることによって、世の中は成り立っているのです。

すべての人が同じようになることが幸福かといえば、必ずしもそうではありません。やはり、それぞれの花を咲かせるところに幸福があるので、「自分の天分は何なのか」ということを発見することも人生の修行《しゅぎょう》課題なのです。

人生が進むにつれて、それがだんだんに分かってきます。

幼少期でも、ある程度、性質や性格は分かります。「反応が俊敏《しゅんびん》か遅《おそ》いか」というようなことも分かります。それに環境《かんきょう》要因も加わってきます。

そして、十歳《さい》を過ぎ、物心がつくあたりで、少し傾向性は出てきます。しかし、まだ完全には分かりません。

二十歳《はたち》ぐらいになってくると、「どういう性格で、どのような能力があるのか」ということが、だいたい分かってきます。ただ、職業的なものとはまだリンクしていないので、人生の成功と失敗には必ずしもつながっていきません。

三十歳ぐらいになってくると、職業的なものとのつながりが少し見えてきますが、これも、まだ最終的なところまでは行かないのです。

五十歳ぐらいになってくると、「職業的に成功するかどうか」ということの限界が、だいたい見えてきます。

自分の天分を発見し、それを最高度に輝《かがや》かす

そのように、「それぞれの人が、自分の天分を発見し、それを最高度に輝《かがや》かせる」ということが、仏子の証明なのです。誰もがまったく同じであることが、仏子の証明ではありません。

プロとして仏教理論を学んでいる人でも、この点をよく間違いがちです。「誰もがみな同じなのだ。誰もが仏様であり、〝お釈迦《しゃか》様〟なのだ」というようなことを言う人がいますが、そのわりには、世の中には、いろいろなことをする人が大勢いるように思います。

やはり、「それぞれの天分を発揮することが大事なのだ」ということを知らなくてはいけないのです。

昔、禅《ぜん》の修行僧《そう》で、「宿無《やどな》し興道《こうどう》」と呼ばれて、あっちをぶらぶら、こっちをぶ

らぶらしながら坐禅《ざぜん》を広めた有名な人がいるのですが、その人は、死後、地獄《じごく》に堕《お》ちています。特に悪いことをしたわけではなく、独身で、坐禅だけを広めて一生を送った人なので、普通《ふつう》は、「よい人だ」と思われるでしょうが、いわゆる無間《むけん》地獄に堕ちているのです。

なぜ地獄に堕ちているのかというと、その人の言っていたことに、やはり思想的な間違いがあるからです。

その人は次のようなことをよく説いていました。

「坐禅をするというのは、要するに仏さんのまねだろう。だから、坐禅をすれば仏さんになれるのだ。石川五右衛門のまねをしたら泥棒《どろぼう》になるが、坐禅をして仏さんのまねをしたら、仏さんになる。かたちをまねれば、そのとおりになるのだ」

その人は、そのように言っていたのです。

坐禅を勧《すす》めても、「坐《すわ》ることだけを教えて、中身なし」という感じでした。「何のために坐禅をするのか。それは自分にも分からないが、それでよいのだ。かたちだけ仏さんのまねをしたら仏さんになる。石川五右衛門のまねをしたら石川五右衛門になるのだ」と言っていました。

ところで、もし石川五右衛門が仏さんのまねをしたら、どうなるでしょうか。これは一九九〇年代に実際にあったことです（オウム事件）。石川五右衛門（オウム教の教祖の過去世）が仏さんのまねをしたら、仏さんになるかといえば、ならないのです。やはり、犯罪人にしかなりません。

したがって、その考え方は思想的に間違っています。その人は、そういう教えを弘《ひろ》めていたわけですが、坐禅をする場合に、要するに中身がなく、魂を入れずに、かたちだけをまねたならば、やはり間違いになるのです。

「かたちだけをまねたら、誰もが同じになる」という思想は間違いです。例えば、「坐禅をしたら、誰もが如来《にょらい》になる」「『南無妙法蓮華経《なむみょうほうれんげきょう》』と唱えれば、誰もが仏様になれる」などという思想は間違っています。

すべての人がまったく同じようになることが成功だとは思いません。やはり、それぞれの花を咲かせること、自分自身の天分を見いだし、それを輝かせることが大事です。

また、蓮《はす》の花になるのか、スイートピーになるのか、それは各人の個性です。「自分は、こういう花なのだ」ということが分かれば、今世においては一生懸命にその花を咲かせるべきなのです。

そのように、自分の天分を知り、それを輝かせることに、一生懸命、努力している人は、前述したように、他の人の成功に対して嫉妬せず、それを本当に祝福することも可能なのです。

しかし、他人の人生を自分の人生と入れ替《か》えようと思うと、そこに必ず苦しみが生まれます。今世《こんぜ》においては、たまたま、その人が優《すぐ》れているように見えても、今世での修行もあれば過去世での修行もあり、いろいろな積み重ねによって現在まで来ているのですから、その水面下の部分を考えずに、現象面だけ、結果だけを見てはいけないのです。そういうことを知らなくてはなりません。

私は、「価値観を一つにすることが、誰もが幸福になることだ」とは思いません。いろいろな価値観があるので、自分自身の天分を見つめ、それぞれに花を開かせるべきであると考えています。

人を使う側の人は「適材適所」を心掛《こころが》けよ

その際、人を使う側の人にとっては、逆に、「適材適所」ということが非常に大事になります。

要するに、鑿《のみ》は鑿、鉋《かんな》は鉋、鋸《のこぎり》は鋸として使ってあげることが、各人にとって最大の幸福になるのです。

それぞれが、よい道具ですが、その道具の特徴《とくちょう》とは違うところで使っては駄目《だめ》です。鉋《かんな》をかけるべきところに鋸《のこぎり》を使ったのでは、どうやっても滑《なめ》らかな面はできません。木の表面を滑らかにすることは鋸《のこぎり》では無理なのです。また、鉋《かんな》では溝《みぞ》を彫《ほ》り込《こ》むことはできないので、やはり鑿《のみ》を使わなくてはいけません。そのように、使うべき局面がそれぞれ違うのです。

個人のレベルでは、自分の天分を見つめ、それを育てることが大事ですが、人を使う立場にある人にとっては、逆に、適材適所を常に考えてあげることが、すべての人を生かす道になります。

このときに、ときどき、考え違いをすることがあります。

例えば、自分が鋸《のこぎり》であるにもかかわらず、「鉋《かんな》になりたい」と思っている人がいたとき、「その人を鉋《かんな》にしてあげなくては、かわいそうだ」と考えがちなのですが、鉋《かんな》にしてあげることは、その人を不幸にするのです。

その人の天分を見抜《みぬ》き、「あなたの使命は鋸《のこぎり》なのだ。鋸《のこぎり》として一生懸命に頑張《がんば》りなさい」と言えなければ、智慧《ちえ》の立場ではありません。

そのときに、もし、「鋸《のこぎり》さんも鑿《のみ》さんも、みな、鉋《かんな》になれますよ」というようなかたちで光明思想を使ったならば、多くの人が堕落《だらく》し、失敗することになっていきます。

このあたりのことは智慧の立場として理解すべきです。

5 「前の職場の悪口は言わない」という美学を

環境《かんきょう》に不平不満を持ち、自分の責任を感じないタイプにはなるな

仕事に対する態度に関して、私がいろいろと見てきて、気になる点があります。

現代は流動社会であり、転職等もかなり増えてきていますが、新しい職場に来たときに、自分の以前の仕事、特に、前の会社や職場の同僚《どうりょう》などについて、あまりにも悪く言う人は、基本的に駄目《だめ》です。これまで、いろいろと見てきて、そういう人は、みな駄目でした。

私は、このタイプの人をずいぶん見てきたのですが、結局、そういうタイプの人には、自分自身の責任を何も感じない傾向《けいこう》があり、「周りが悪かった」「会社が悪か

った」「同僚が悪かった」「業界が悪かった」などと考えがちです。こういう人は、新しい職場に来ても、そこに天国は現れてこないのです。

そのような傾向がある人は考え方を改めなくてはいけません。

本当に前の職場が悪かった場合もありますが、その場合には沈黙《ちんもく》すべきであり、悪口は、あまり言わないほうがよいのです。

そういうタイプの人は、新しい職場へ来ても、自分が思うように受け入れられなかったりすると、しばらくして、よそへ移ります。そして、また同じように、前の職場や同僚、業界の悪口などを言うのです。

これは、職場だけではなく、宗教でも同様です。

世の中には、宗教を幾《いく》つも渡《わた》り歩いている人がいますが、そういう人には、新しい宗教に来ると、前にいた宗教について、さんざん悪口を言う傾向があります。

宗教に属している人たちは、ほかの宗教の悪口を聞くと、うれしいものなので、その人を受け入れてしまいます。前にいた宗教の悪口をたくさん言う人がいると、

「そうか、そうか。そんなに向こうは悪くて、うちがよいと思うのか。それは素晴《すば》らしい」と思って受け入れてしまうのです。

このように、宗教には、前の宗教を悪く言う人を重宝《ちょうほう》したがる気《け》があります。特に、前の宗教で立場の高かった人が、その宗教の悪口を言ってくれるとうれしいので、その人を引き立てるわけです。

ところが、その人は、その宗教でも、自分が思うような処遇《しょぐう》を受けられないと、しばらくして、よその宗教に行き、また、以前の宗教の悪口を言うようになります。これは性癖《せいへき》であり、必ずそうなるのです。

また、結婚《けっこん》にも、似たようなところがあります。

今は、離婚《りこん》・再婚をする人も多いのですが、再婚後に、前の配偶者《はいぐうしゃ》の悪口をずっと言い続けるタイプの人に対しては、今の夫あるいは妻は、「いずれ、自分も同じように言われるかもしれない」と思ったほうがよいでしょう。何かで夫婦関係がうまくいかなくなると、ポンッと捨てられ、同じように悪口を言われるのです。

そういうタイプの人は必ずそうなります。他人や環境のほうに不平不満が行き、自分が悪いとは思わないのです。このタイプには気をつけたほうがよいでしょう。

たとえ短い縁《えん》であっても、一生懸命《いっしょうけんめい》に仕事を行う人であれ

また、たとえ、一年か三年か五年ぐらいしか勤めない、腰掛《こしか》け的な職場であったとしても、そこにお世話になっている間は、人生のなかで縁《えん》を頂き、尊い職業を得、生活の糧《かて》を得ているのです。

したがって、短い期間であっても、「ここに、ご縁があったのだ」と思い、その職場において一生懸命《いっしょうけんめい》に勤めることが大事です。「やがて去っていくのだ」と思っても、そうであればあるほど、そこで仕事をしている期間においては、一生懸命に尽《つ》くさなくてはなりません。それが次の成功につながるのです。

新しいところに転職したとき、「前の職場は、どうでしたか」と訊《き》かれて、「素晴らしい職場でした。上司も素晴らしかったし、同僚も素晴らしい人たちでした。仕

事の内容も素晴らしいものでした」と言えることが大事です。

自分の才能を磨《みが》くためなど、何かの理由があって転職するわけですが、「前の職場も素晴らしく、よい経験になった。しかし、また新しい経験を積みたい」という考えを持っている人にとっては、新しい職場でもまた成功する可能性は非常に高いのです。

そういうことが世の中にはあります。

私も、そのような考え方を持っていました。前章でも述べましたが、私は、幸福の科学を始める前の一時期、会社勤めをしたことがあります。

もちろん、「いずれは辞《や》める」と思っていました。しかし、生活の糧を得なくてはなりませんし、仕事の仕方も勉強しなくてはならないので、「一定の準備期間が必要なのだ」と思って、会社勤めをしていたのです。

「いずれ辞める」とは思っていても、「せっかく勤めている何年かの間は、やはり、誠心誠意、働かなくてはいけない」と思い、「人の十倍働こう」というつもりで働いていたのですが、それを周りから誤解された面もありました。私が出世主義者に見え、「なぜ、それほど急いで出世したいのか」と思った人もいるようです。

その後《ご》、私が宗教団体を始めたのを見て、唖然《あぜん》とした人もかなりいました。そのため、「会社を辞めてから、評価がさらに高まった」というところもあったのです。「そうだったのか。知らなかった。そうとは知らずに誤解していた。あまりにもよく働くので、『同僚を出し抜《ぬ》いてでも出世しようとしているのか』と思っていたけれども、実は、そうではなかったのだな」と、あとで分かった人もいたようです。

短い縁であっても、その職場において、生活の糧を得たり、自分にとっての修行《しゅぎょう》の場を与《あた》えられたりしている以上、そこで一生懸命に仕事をするのは当然です。そして、そこを辞めたあとは、その職場の悪口を言わないことが大事です。これは人間の美学だと思うのです。

人生には、いろいろな修行がありますが、何事も、自分に都合のよいほうにだけ考えるのではなく、できるだけ、奉仕《ほうし》の気持ち、感謝の気持ちを持たなくてはならないと思います。
以上が、仕事に対する精神態度のあり方です。

6　受験秀才《しゅうさい》で出世しない三つのタイプ

「気配りができない」「勘《かん》が鈍《にぶ》い」「イマジネーションがない」

仕事において成功していく上で、特に宗教として言うべきことがあるとすれば、それは、やはり、「霊的《れいてき》なるものの影響《えいきょう》」でしょう。

実際、霊的なものの影響は非常にあります。私も、仕事の重要な部分の多くは、インスピレーションに依《よ》っているところがあります。したがって、読者のみなさんも、宗教で修行《しゅぎょう》していると、霊的な働きは非常に大きくなってくると思います。

ところで、世の中では、受験秀才《しゅうさい》は出世しやすいように思われていますが、受験秀才であっても、出世しない人もいます。そういう人を見ていると、だいたいの共通項《こう》として、一つには「気配りができない」ということがあります。勉強ができても、気配りができない人はやはりいるのです。

次は、「勘《かん》が鈍《にぶ》い」ということです。こういうタイプもいます。勉強ができて、参考書の内容を覚えたり、問題集を解いたりすることはできても、勘の鈍い人はいるのです。

さらには、「イマジネーション（想像力）がない」ということが挙げられます。およそ、この三つに尽《つ》きると言えます。

このような、「受験勉強ができて学歴が高く、周りの人から期待されているのに、仕事ができない」という人は、率的に見ると、五割は超《こ》えませんが、三割ぐらい、あるいは、もう少しいるかもしれません。「この世的に学力がある」と評価された人のうち、六、七割ぐらいの人はそれなりの仕事をしますが、一定の率で、どうしても〝空振《からぶ》り〟をする人がいるわけです。

そして、その共通項は、今、述べたように「気配りができない」「勘が働かない」「イマジネーションがない」という、この三つです。

共産主義のイデオロギー性が強いと、ピントはずれなことをする

思い当たる人は、よくよく考えてみてください。

「自分は、これほど高学歴なのに、どうして人の評価が低いのかな」「昔は、あんなに勉強ができたのに、どうして成功しないのかな」と思うのであれば、まず、自分は気配りができているか、点検する必要があります。そういう人は、気が利《き》かないことが多いのです。それが、躓《つまず》きのもとなのです。

世の中には、勘が鈍く、ピントはずれなことをする人がいます。なかには、ことごとく反対になる人もいます。

そういう人のなかには、イデオロギー性の非常に強い人がいます。

例えば、マルクス・レーニン主義を信奉《しんぽう》している政党の人たちが、そうです。戦

後、資本主義が発展し、繁栄《はんえい》した国の一つである日本というところで、その思想を当てはめたならば、結論がすべて反対になることがあります。戦後、日本がしてきたことのすべてに対し、結論が反対になることも、よくあるのです。

このように、一定の理屈《りくつ》を当てはめ、それですべてを解釈《かいしゃく》しようとするようなタイプの人は、ことごとく、はずれることがあります。

このタイプの人のなかにも、よく勉強した人はいます。共産主義や左翼《さよく》系の哲学《てつがく》を勉強したような人です。ただ、「そうした勉強がよくできる」ということと、「現実世界に、その考え方が合っているか」ということとは、別の問題なのです。

受験秀才からは、こうした、まったく使えないようなタイプも出てきます。

書類仕事の〝その後〟をイメージできない財務官僚《かんりょう》たち

次に、書類仕事に関しては、非常に判断が速いし、仕事も速いのですが、「この人は何だかもの足りないな」と思える人がいたならば、その人は、だいたいイマジネーションがありません。

書類はつくれても、例えば、「この仕事を実際にやってみたら、どうなるか」「この書類に基づいて、大勢の人が動き、お金を使った結果、どうなるか」ということが想像できないのです。

書類仕事においては、「これでよい」と判断はするのですが、イマジネーションがないために、「この書類のとおり実行したら、こうなる」ということが、どうしても分からないわけです。

よそ様の話で申し訳ないのですが、イマジネーションがない人は、例えば、財務省の官僚《かんりょう》などに非常に多くいます。

彼らは、予算の申請書《しんせいしょ》などの大量の書類を見て次々と判断し、パッパッパッパッパと処理していきます。「自分たちは、ものすごくよい仕事をしている」と思っています。「山のようにたまった大量の書類を、ものすごい速度で片付けた。いろいろな要求をはねつけて、いちおう予算案の範囲《はんい》に収めた。やったぞ」などと思って、自分たちの頭のよさに自己陶酔《とうすい》しているのです。

ただ、「そのあと、その仕事は、どのように展開していくのか。自分が査定した予算は、どのようになっていくのか」ということについてイマジネーションのない人が、極《きわ》めて多いのです。情けないことですが、非常に多くいます。

そのため、これは極端《きょくたん》な話ですが、「予算を一律五割削減《さくげん》する」などという方針が決まると、「その予算では橋が半分しか架《か》かりません」と言っても、「それでも予算は全体の半分にする」ということで、一律カットをやりかねないところがありま す。しかし、橋が半分しか架からなければ、使い道はありません。その場合は、むしろ、予算をゼロにしたほうがよいのですが、彼らは、「ゼロにするわけにはいかない。一律に五割カットすることになっているから、橋の予算も半分だ」というように考えるわけです。

あるいは、農業系で言えば、日本の農業の生産額は十兆円もなく、所得も三兆円前後なのに、補助金を五兆円以上も使うようなことをしています。これはイマジネーションがないのです。

生産額が五十兆円ぐらいあがるような産業であれば、五兆円を投入してもよいでしょう。しかし、今の日本の農業に五兆円も注《つ》ぎ込《こ》んだら、それは、「ただの損」になります。そのことが、どうしても分からないようです。

受験勉強においては、瞬間《しゅんかん》的判断を要求されることが多いので、受験的に頭がよい人は、そういう能力は持っています。しかし、「判断したあと、どうなっていくのか」ということについては、あまり教育されていないので、そこで躓きが起きやすいわけです。

もし、「自分は頭がよい」と思っているのに、不遇《ふぐう》をかこっている人がいたならば、「自分は、人に対する気配りができないのではないか」「勘が鈍いのではないか」「イマジネーションがないのではないか」ということを振り返っていただきたいのです。この三つを点検したら、必ずどれかに当たります。

対策①――自分のことばかりを考えず、周囲を観察する

それでは、この三つのどれかに当てはまる人は、どうすればよいのでしょうか。

気配りについて当てはまる人は、まず、あまり自分のことばかりを考えないことです。そして、「ほかの人たちが、どのようなことを考え、どのようなことに関心を持ち、何をしているのか」ということを観察することです。自分のことしか考えていないから、気配りができないのです。

頭のよい人であっても、自己中心になり、自分のことしか考えていない人はたくさんいます。自分の言いたいことしか言わず、「ほかの人は、どのように考え、どのように反応しているのか。どのような問題点を抱《かか》えているのか」ということについては関心がないので、周りの人のことが分からないのです。

こういうタイプの人は、少し、自分のことに夢中になるのをやめて、他の人に対して目を向けるべきです。

例えば、電車のなかでも、新聞ばかり読んでいないで、少しは新聞を閉じ、「今、周りの人は、どのようなことをやっているのか。何を話しているのか。どのような週刊誌を読んでいるのか。どのようなしぐさをしているのか。誰《だれ》が席を立って誰が座っているのか。お年寄りはどのへんに動いていくのか。子供はどうしているのか」など、いろいろなものを見てみることです。そうすれば、世の中の問題点がよく見えてくるのですが、そういう関心がない人は、どうにもならないのです。

会社のなかにおいても、そうです。自分の仕事だけに熱中してはいけません。やはり、「今、ほかの人は、どのような電話をしているのか。どのような受け答えをしているのか。どのような仕事をしているのか」ということを、広い目で見れなくてはいけないのです。

これが見えない人は、あまり成功しません。言われた仕事を達成することにしか専念していないからです。

対策②――孤独《こどく》な時間を取り、自分を見つめる

次に、「勘を磨《みが》く」ということですが、これも、受験勉強には必ずしも付随《ふずい》しないものだと思います。「ヤマ当て」の天才は別として、普通《ふつう》は、必ずしも付随しません。

それでは、勘を磨くには、どうすればよいかというと、やはり、「孤独《こどく》な時間を過ごしたことのない人には、勘がひらめかない」ということが言えます。

「孤独な時間を過ごす」というのは、自分一人のときに、物事を考えたり、あるいは、本を読んだりすることですが、そのように、自分一人の時間・空間のなかで自分を見つめたことのない人には、勘が働かないのです。

いつもガチャガチャと忙《いそが》しくせずにはいられない人は、いわゆる「ベータ波動」の人です。こういう人は勘が働きません。

反省や瞑想《めいそう》は、孤独な時間を過ごすためのよい機会です。そういう機会に、人と

話をせずに、しばらく自分を静かに見つめる時間を持つことです。そうすると、勘が鋭《するど》くなってくるのです。これも一つの修行だと思います。

対策③——物事を考え続け、想像力を鍛《きた》える

三つ目はイマジネーションです。これも、素質的に低い人がいます。先ほどのベータ波動の人とまったく同じで、小刻みにいろいろなことをせずにはいられない人というのは、やはり、イマジネーション能力が弱いのです。

したがって、勘を磨く場合と同様に、イマジネーション能力を高めるためには、一定の時間、ずっと考え続けることが必要です。「これは、どのようになっていくのか」「この人の人生は、どうなっていくのか」「この子供は、どのようになっていくのか」などということについて、いろいろと考えていかなくてはならないのです。

例えば、「この先生が教えると、この子供は、どのようになっていくのだろうか」ということをイメージしながら、将来についてずっと予想していくわけです。

あるいは、「この学校に行ったら、この子は、このようになるだろうな」「こういう性質の人は、銀行に入ったら、十年後には、おそらく、このようになるだろう。そして、二十年後には、こうなるだろう」などとイメージしていきます。

こういうイマジネーション能力は、受験適性とは、あまり関係がないのですが、現実に世の中で成功するためには、非常に大きな要素なのです。

つまり、「この人は、こういう職業に就《つ》いたら、二十年後にはこうなる」「この会社に入ると、このようになる」「この人と結婚《けっこん》したら、このようになる」というように、「二十年後にこうなる。三十年後にこうなる」というイマジネーションが働くかどうかで、けっこう人生の成否は決まるのです。

これができずに、刹那《せつな》的、衝動《しょうどう》的に動いている人は、よく失敗します。

そして、この想像力を鍛《きた》えることには、思わぬ効果があります。

特に策士や軍師型の人は、こういう能力が高いのです。策士、軍師等は、このイマジネーションができなくては駄目《だめ》なのです。

まだ戦闘《せんとう》がまったく起きていない段階で、「敵方の大将に、こういう人が出ていて、兵はこのくらいの強さで、人数はこのくらいいる。ここの地形はこのようになっている。そこで、いつごろ、どういうかたちで合戦《かっせん》をすれば、どのようになっていくのか」ということをイメージする能力が必要とされるわけですから、まさにイマジネーションの世界です。

この能力が弱い人は、実際に刀を合わせてみなければ、どうなるかが分からないのです。戦闘が始まって一時間後ぐらいに、自分の軍が敗走を始めたら、「どうやら、これは負けらしい」ということが分かるのです。

しかし、イマジネーションがしっかりしている軍師などであれば、戦う前に、だいたい分かるわけです。敵軍の布陣《ふじん》と自軍の布陣、相手の大将と自分のほうの大将、それから、天候、食料、その他の条件を見れば、「合戦をしたら、どうなるか」ということが、戦う前に分かるのです。

それで、「負ける」と分かった場合には、逃《に》げて、態勢を立て直し、チャンスを待ったほうがよいのですが、ただ、世の中には、実際に戦ってみないと分からない人が多いのです。

このように、イマジネーション能力というのは、この世で成功するための非常に大きな力になるのですが、現実には誰も教えてくれません。ほとんどの場合、天賦《てんぷ》の才というか、生まれつきの才能のようなものに依《よ》っている面があります。

しかし、これも、努力すれば、見えてくるようになることがあります。普通の人は、そういうものが、仕事で成功していくための大きな力になるということに気がついていないので、それが分かったならば違《ちが》いは大きいと思います。

例えば、「日曜日に、誰かを手伝って、このような仕事をしなくてはならない」というときに、自分の仕事のことだけを考えているような人は駄目なのです。

「日曜日に、その人がこういう仕事をするときに、どのようなものが必要になるだろうか。天候はどうだろうか。人は何人ぐらい集まるか。どういう場所で行うのか。その仕事の目的はどういうものなのだろうか」ということをイメージしていくと、「何が必要か。何をしなければいけないか」ということが分かってきます。

これは、「仕事ができる人」の、けっこう大きな条件なのです。これが分からない人は、当日になっても、ただ、自分の役回りのことだけをします。そして、「あれがないではないか。これがないではないか」というようなことを言われて、困ってしまうことがあるのです。

7　合理的な仕事法の実践《じっせん》を

問題や悩《なや》みを具体的に紙に書き出してみる

前節では、成功の霊的《れいてき》な面について述べましたが、そういうものだけで成功できるわけではありません。当然ながら、この世には、科学的な法則というか、「こうすれば、こうなる」という因果関係がはっきりしているものもよくあります。

通常、仕事には、そういう面が多く、現代的な仕事には、かなりの法則性があります。失敗すべきものは失敗し、成功すべきものは成功するのです。

例えば、会社の倒産《とうさん》には合理的な因果関係があり、倒産するところは倒産します。会社の決算書と事業計画を見れば、「このままで行くと、おたくの会社は三カ月後に倒産します」ということは予言できます。その会社の決算資料と資金繰《ぐ》りを見れば、「三カ月後に、この手形は不渡《ふわた》りになります。倒産ですね」と言えるのです。

ところが、そう言われても、倒産するような会社の社長には、それが分かりません。イマジネーションが不足していて、先のことが分からず、「まあ、どうにかなりますよ」などと言うわけです。

このように、この世の仕事には、かなり合理的に詰《つ》められるところもあります。

したがって、合理的に詰められるものについては、できるだけ多くそうしていくことも成功の秘訣《ひけつ》です。

個人のレベルでは霊的な直感も大事ですが、大勢が働く職場では、合理的に成功していく仕方も大事なのです。

そのやり方には幾《いく》つかありますが、とりあえず仕事の能率を上げるためには、「今、何が問題で仕事が進まないのか。自分は何に悩《なや》んでいるのか」ということを明確にしなくてはなりません。それが明確でないために悶《もん》々《もん》としている人がいるのです。

実はAという仕事が問題になっているのに、それをBの仕事にも引きずることはよくあります。Bは関係ないのに、Aの問題がBに影響《えいきょう》することがあるのです。

何かで悩んでいたり、問題が解決できなくて悶々としたりしている場合に、自分の頭のなかを整理できる人はよいのですが、それができない人は、まず紙に悩みを書き出してみることです。

紙を一枚置いて、鉛筆《えんぴつ》を持ち、「自分は、今、何を悩んでいるのか。何を困っているのか。何が解決しないために悶々としていて、能率が落ちているのか」ということを、箇条《かじょう》書きで、思いつくだけ書き出してみてください。

何個あるでしょうか。百個も書き出せる人がいたら〝天才〟です。なかなか百個はないものです。多くても二十個か三十個であり、普通《ふつう》は十個以内で終わりです。

たいていの場合、二、三個ぐらいの問題で頭のなかがぐるぐる回っているのです。

このように、まず、自分の悩みを、考えられるだけ書き出し、並べてみるのです。

「これ以上ないかどうか」と考えて、すべてを書き出してみてください。

「自分の努力」で消せる悩《なや》みから順番に解決していく

そのようにして書き出した悩《なや》みのなかには、現時点での努力によって消せる悩み、例えば、「明日《あした》以降、こうしよう」と考え、実際にそうすることによって消せる悩みと、「一年後でないと、どうにもならない」というような問題などのように、どうしても今すぐには消せない悩みとがあります。

したがって、時間的に見て、「今すぐに解決できるもの」と、「そうではないもの」とを分けなくてはいけません。

そして、自分が努力することによって今すぐに解決できるものを、まずは消し込《こ》んでいくことです。悩みが十個あるならば、その十個のなかで、自分が行動することによって消せるものを、まず消していくのです。

例えば、男女問題で悩み、「私は、あの娘《こ》が好きだけれども、向こうは私のことを好きか嫌《きら》いか分からないので、苦しい」と言って、悶々としているとします。この場合には、よく考えてみると、結論は三つしかありません。

「嫌っている」

「好きである」

「好きか嫌いか、判断がつきかねている」

この三つのどれかであることを受け入れる覚悟《かくご》さえできればよいのです。その覚悟ができないので、困っているわけです。

この三つ以外の結論は、おそらくありません。「好きだ」「嫌いだ」「まだ考えがまとまっていない」という三つしかないのです。

「まだ考えがまとまっていない」という場合には、交渉《こうしょう》の余地があります。

ところが、「嫌いだ」ということがはっきりしていて、もう交渉の余地がない場合もあります。その場合には、早めにあきらめたほうがよいのです。そうすれば、心を切り替《か》えて、次の〝生産的活動〟に移れます。

そして、「好きだ」ということなのであれば、向こうはアクション（行動）を待っているのですから、ずっと悶々としていて消極的なままでは失敗に終わります。

このように、ある程度、努力で解決がつく悩みや、具体的行動で結論が出る問題については、易しいものから順番に解決していくことが大事です。

これは仕事上の問題でも同じです。

例えば、取引先との関係で、「相手の信用を失ったのではないか」ということを悩み、ずっと悶々としているよりは、「電話を一本かけてみる」「ご機嫌伺《きげんうかが》い、ご挨拶《あいさつ》に行ってみる」「礼状を出してみる」など、何か具体的な行動をしてみるのです。ただただ悶々としているより、行動を起こしたほうが、結論は早く出ます。

そして、駄目《だめ》なら駄目で、最悪の事態のことを考え、「最悪でも、このくらいである。これ以上には悪くならない」と思ったら、それを受け入れる覚悟をすることです。

このように、悩みのうち、努力で消せるものは消していきます。

しかし、どうしても消せないものもあります。長期的な問題などは、なかなか消せないので、それに関してはペンディング（保留）にします。これは、しかたがありません。

ただ、何年かたってから見てみると、そういう悩みは、ほとんど消えています。一定の時期が来たら消えるのです。悩みの正体は、単なる焦《あせ》りであることが多く、時間がたてば結論が出て、悩み自体が消えてしまうことはよくあるのです。

まずは、悩みを具体的に書き出してみて、努力で消せるものは消すのですが、「今、これは消せない」という結論がはっきりと出たものに関しては、ペンディングにするしかありません。「これは消せないのだ」ということが分かっただけでも前進です。「来年の春にならなくては分からないのだ」「十年後でないと分からないのだ」

というようなものについては、どうしようもないのです。

例えば、「自分は、どういう死に方をするか」ということで悶々としても、これは、おそらく、消せない悩みです。これについては、死ぬときにならないと分からないのです。

また、自分が死んだときに誰《だれ》が遺産を相続するかが分からず、悶々としていたとしても、自分が死ぬ時期は分かりません。十年後か、五年後か、明日《あした》か、分からないのです。したがって、「土地は誰にあげよう。預金は誰にあげよう」などという大まかなことを決めたら、「これ以上は、考えても無駄だ」と思い、そこで悩みを捨てることです。「どうにかなるよ」と考えて、割り切ることも大事なのです。

「ＡＢＣ理論」を使って幹と枝を分ける

仕事の方法論として、「ＡＢＣ理論」というものもあります。

仕事をするときには、「とにかく、何から手を付けたらよいかが分からない」ということで、よく悩むものですが、この方法では、まず、自分が持っている仕事に対し、重要度に応じて「A」「B」「C」のランクを付けます。そして、大事なものから順番に行っていくのです。

このABC理論は、次のようにして使うこともできます。

営業やセールスをしている人には、いろいろなところを、やみくもに訪問していることがよくあります。しかし、足を運んでも大して売り上げにならないところや、赤字が出ているところを何度も訪問していたのでは、生産性が低く、無駄が多いのです。自分の仕事を合理化するためには、重要なところを重点的に攻《せ》めなくてはなりません。

いろいろな仕事を抱《かか》えていて、「忙《いそが》しい、忙しい」と言っているのであれば、会社の売り上げ全体に占《し》めるシェアを見て、取引先のなかでシェアが非常に大きいところを「A」、次を「B」、残りを「C」に分類してランク分けします。そして、Aランクから順番に攻めていき、時間がなければ、BランクやCランクの取引先を切っていけばよいのです。これを行わなくてはいけません。

あまり役に立たない仕事、全体の五パーセント程度の成果しかあがらない仕事のために、膨大《ぼうだい》な時間を使っている人が多いのですが、労力がかかっている取引先が実は不採算部門であることもよくあります。

したがって、ときどき、ABC理論を使って仕事の整理をしなくてはいけません。忙しすぎるのであれば、仕事を「A」「B」「C」に分けてみて、Cランクから順番に切っていくことが必要です。

要《い》らない仕事から順番に切っていき、Aランクの仕事を残さなくてはならないのに、「Aの仕事をしないで、Cの仕事にかかり切っている」という人は、一般《いっぱん》的に、あまり出世しないタイプです。幹と枝の違いが分かっていないのです。

「パレートの法則」で重点を絞《しぼ》り込《こ》む

また、「パレートの法則」というものもあります。これは、よく「八割・二割の法則」とも言われるのですが、「重要なことは全体の二割のなかにある。その二割を押《お》さえたら、全体の八割を押さえたのと同じになる」という考え方です。

この考え方によれば、例えば、「会社にセールスマンが百人いたら、売り上げ全体の八割をあげているのは、そのなかの二十人である」ということになります。「全体の二割の人たちが全体の八割の成果をあげている」というわけですが、逆に言うと、「残りの八割の人は全体の二割しか成果をあげていない」ということでもあります。

不思議なことですが、優秀《ゆうしゅう》な人ばかりを集めて集団をつくっても、その集団のなかでは、このようになります。一定の集団をつくると、重要な仕事をする人たちは必ず二割程度になって、残りの八割は、どうしても、「その人たちの給料の分が会社の損にならなければよい」というあたりになりやすいのです。

このパレートの法則は、ほかの面でも使える理論です。

個人の仕事全体のうち、重要な仕事は二割ぐらいです。この二割を押さえれば、仕事全体の八割ぐらいの成果をあげることができます。ところが、それが分からない人は、やみくもに、いろいろなことに手を出してしまうことがあるのです。

例えば、私も、仕事の範囲《はんい》を広げようと思えば、いくらでも広げられます。説法をすることもできれば、決裁などの実務をすることもできます。それらを自分自身が一個一個やりたければ、することができます。講演をしたければ、してもよいし、セミナーをしたければ、してもよいのです。

そして、どうしても体力が余って困るのであれば、大きな会場で講演やセミナーをするのではなく、一人ひとりを相手に説法するというやり方もあるのです。ただ、これは、人生の時間が今の百万倍あっても、おそらく、できないだろうと思います。

このように、仕事の範囲については、どこまででも引き伸《の》ばしていくこともできれば、逆に、縮めることもできます。

ただ、この理論でいくと、まずは、自分にしかできない仕事を優先的に行っていくべきでしょう。ほかの人でもできる仕事ではなく、自分にしかできない、二割の重要な仕事のほうに、できるだけ集中していくのです。それを押さえれば、仕事全体の八割ぐらいを達成したのと同じになります。

いつもこのようなことを考えて仕事をすると、非常によいのです。「物事においては、二割の重要部分を押さえれば、全体の八割を達成したのと同じになる」ということなのですから、「自分にとっての二割は、どこなのか」ということを考えていけばよいわけです。

これは選挙でも同じでしょう。選挙戦で、「ただただ、いろいろな人と会っている。ただただ、漠然《ばくぜん》と演説をしている」ということであれば、なかなか当選できません。そこで、パレートの法則を使い、「自分の選挙区では、有権者の人数は、これだけある。そのなかで、自分の死命を制する二割は何なのか」ということを考えなくてはなりません。

例えば、「支持団体のなかで、ここところを押さえなければ落ちる」ということであれば、そこを押さえなくてはならないでしょう。また、「有権者たちのなかで、誰が有力者なのか」ということを考え、「この人たちが有力者だ。彼らを押さえなくては駄目だ」ということであれば、それを実行します。選挙区を回る場合でも、なかなか全部は回れないので、重点地区を決め、そこを優先的に回ります。

このように、「ここを押さえれば、だいたい、うまくいく」というところを、パレートの法則に基づいて絞《しぼ》り込《こ》んでいくのです。

こういう絞り込みをせず、漫然《まんぜん》とやるだけでは、時間に制約がある場合には、なかなか成功しません。集中法則が働かなくては駄目なのです。

こういう合理的な仕事法も考えてみてください。

8　成功パワーの源泉とは

判断力――正しい判断には知識や情報、経験が要《い》る

以上、いろいろと述べましたが、成功するためのパワー、成功パワーの源泉を考えてみると、幾《いく》つか精神的な能力があると思います。

例えば、判断力です。これは、思いのほか、大きな仕事能力ですが、要するに、「イエスかノーか」「是《ぜ》か非か」「行くか行かないか」などを判断する力です。

判断というものは、その判断をした時点では、それが正しかったのかどうか、よく分からないのですが、判断が間違《まちが》っていて、無駄《むだ》な方向に、どんどん入っていった場合には、ものすごく大きなマイナスが生じます。

仕事は全部がプラスになるかというと、そうではありません。判断を間違った場

合には、仕事がマイナスになることもあるのです。

判断を間違うと、陸軍が海のなかに突《つ》き進んでいくようなことがありえます。陸軍は陸《おか》で戦ってこそ強いのですが、「海のなかに向かって進め」という命令が出て、兵士たちが全員ジャボジャボと海に入っていったならば、どうにもなりません。ところが、このようなことは現実に起きやすいのです。

したがって、判断は大きな価値を生みます。

特に、「判断が、常に、よい方向を向いている」ということが大事です。時には判断を間違うこともありますが、「間違った」と思ったならば、素直《すなお》に改めなくてはなりません。

正しい判断をするためには、知識や情報が大事です。「知は力なり」ということを肝《きも》に銘《めい》じてください。知識や情報を持たない者は判断を間違えます。

天気予報では、「明日《あす》は雨が降るかどうか」ということについて、降水確率を出してくれます。この天気予報を見ている人と見ていない人とでは、例えば、ピクニックの予定を立てる際にも違いがあるでしょう。天気予報を知らずに漫然《まんぜん》と計画を立てると、当日になって、「あら、たくさん食べ物を用意したのに、ピクニックに行けないな」というようなことになります。そういう失敗をすることがあるのです。

現代においては、そういう情報も重要な判断材料の一つなのです。

さらには経験も大切です。人は、それぞれ、毎年《まいとし》、経験を積みますが、それを、そのままで済ますのではなく、常に思い出し、温めていることによって、判断に磨《みが》きがかかってきます。その経験をよく研ぎ澄《す》ますことによって、判断材料として使えるようになってくるのです。そのことを知らなくてはいけません。

経験は宝なのです。これは、よく磨かなくては駄目です。

交渉力《こうしょうりょく》――私心《ししん》のない透明《とうめい》な情熱で、粘《ねば》り腰《ごし》の仕事を

また、交渉力《こうしょうりょく》も大事です。

宗教が好きな人のなかには、人がよくて交渉力の弱い人がいます。下手《したて》に出て、

相手に対し折れてばかりいるため、いつも交渉で負けてしまうのです。

しかし、「自分は、本当に正しい仕事をしている」と思うのであれば、交渉において、押《お》しの強さや粘《ねば》り腰《ごし》が大事です。

もし、私心《ししん》があって、自分の我欲のために仕事をしているのであれば、交渉は、なかなか、うまくいかないでしょう。私利私欲、我欲のために仕事をしていて、交渉力が強いのであれば、その人には相手を騙《だま》すようなところもあるかと思います。

しかし、私欲や私心のない、透明《とうめい》な情熱でもって仕事を行うと、交渉において、とても強い力を発揮します。

やはり、交渉においては、主張を押し通して、議論に勝っていかなくてはなりません。

議論に勝つことが正義である場合、すなわち、自分自身のためだけではなく、大きな目で見て、人類にとってプラスになる仕事をしているのであれば、無私になることによって、その熱意が勝利をもたらすと思います。

その意味での交渉力が強くて困ることはありません。行っている仕事が正しいものであるならば、強くなくてはいけないのです。

説得力――勇気と感動で人は動く

さらに、説得力も大事です。説得力は、相手に納得してもらう力です。

交渉力には、「勝つか負けるか」というようなところがありますが、説得力においては、交渉力のように、「力関係で負けた」「弁舌《べんぜつ》で負けた」などという、勝ち負けだけが大事なのではありません。こちらが話す言葉を相手に心から理解させ、感銘を与《あた》えて、「なるほど」と言ってもらい、相手の心を動かさなくてはならないのです。言葉によって相手に落とし込《こ》む力が、説得力なのです。

この説得力も磨く必要があります。説得力も、やはり、磨いていくことのできる力です。磨くことによって高められる力なのです。

説得力のもとになるものは、必ずしも知的なものだけではありません。感性的なもの、感情的なものも多いのです。例えば勇気と感動です。勇気を持った言葉、勇気の言葉、それから、相手を感動させる言葉、これで人は動くのです。

人間には、単に理屈《りくつ》や実用性だけでは動かないところがありますし、利害だけでも動かないところがあります。したがって、相手の感情や心性《しんせい》に訴《うった》えかけ、共感を得て、相手に納得してもらう技術が必要です。

ちなみに、この説得力がなければ、伝道もまた進みません。

相手を感動させるには、相手の心の琴線《きんせん》に触《ふ》れなくては駄目です。心の琴線に触れ、それを揺《ゆ》さぶらなくてはならないのです。そのことを知ってください。そのためには、自分のなかにある情緒《じょうちょ》的なものや優《すぐ》れたものを大事にすることです。理詰《りづ》めの話だけでは、人は動かないこともあるので、情に訴える面も必要なのです。

体力――健康を維持《いじ》し、十分な睡眠《すいみん》を取る

精神的な諸能力を挙げましたが、仕事に成功していくためには、精神的な力だけ

ではなく体力も大事です。

「体が強いか強くないか」ということには、ある程度、遺伝子も関係があって、生まれつき体の強い人もいれば、強くない人もいますが、それを言っても、しかたがありません。すべての人がオリンピック選手になるわけではないのです。

要は、自分にとって天分がある仕事のなかで成功を収めればよいのです。肉体的に見て、自分には無理な仕事に、天分があるとは思えません。天分のなかには、自分の体力がカバーできる範囲《はんい》内で成功できる道が用意されているはずです。

ただ、体力も成功の要因ではあるので、自分の体に関しては、よく手入れをし、健康を維持《いじ》することが大事です。

大きな病気を何度もしていては、よい仕事ができません。また、いつも病気がちでも、よい仕事はできません。「病気をしても回復するのが早い」ということは取り柄《え》ではありますが、それよりも、病気をしないことが大切です。病気をしないようにするために、体に対して配慮《はいりょ》し、常に健康を維持しておくことは非常に大事なのです。これを決意しなくては駄目です。

前述したインスピレーションにおいても、健康ではない人のインスピレーションというものは、間違いやすいのではないかと思います。

いつも病気がちな人は、どうしても、気が弱くなったり、くよくよしたりします。くよくよするタイプや、病気をして被害妄想《ひがいもうそう》になったようなタイプの人にひらめくインスピレーションには、悪いインスピレーションが多いのです。そういう人は悪《あく》霊《れい》の作用を受けやすいからです。

そうならないためにも、健康の増進は大事です。「体の健康を維持することも仕事なのだ」と思わなければなりません。「よき精神力を生かすためには、健康の維持が必要だ。肉体の手入れをしなくては駄目なのだ」と考えてください。

体力が落ちてくると、判断力が鈍《にぶ》ってきますし、交渉力も落ちてきます。当然ながら、相手を説得する前に自分がくたびれてしまいます。また、「インスピレーションが悪い」「悪いイマジネーションばかりが湧《わ》いてくる」というように、全部が悪循環《あくじゅんかん》に陥《おちい》ってくるのです。

したがって、体力のところも、決して疎《おろそ》かにしてはいけません。

その意味では、睡眠《すいみん》も大事ですし、肉体の訓練も大事です。

睡眠不足だと悪いインスピレーションが多くなりますし、睡眠不足の人は、長い目で見て、やはり成功しません。ゆえに、たっぷり睡眠が取れる程度に仕事の段取りをよくする必要があります。段取りの悪い人は睡眠も取れなくなってくるのです。

9　幸福の科学的仕事法が目指すもの

信仰心《しんこうしん》を増強すれば、自力《じりき》と他力《たりき》で道が開ける

結論的に言うと、幸福の科学的仕事法で成功していくためには、「信仰心《しんこうしん》の増強」が大事です。

信仰心を増強すれば、魅力《みりょく》的な人格をつくったり、自分の天分を発見したりできますし、適材適所で生きていく道も開けます。信仰心が強くなれば、それが、気配りや勘《かん》、イマジネーション等の源泉にもなります。

当会の教えは合理的な仕事方法もかなり提示しています。これは、凝縮《ぎょうしゅく》された知力であり、智慧《ちえ》の部分です。これでもっても成功できるのです。広い意味での信仰心のなかには、智慧の力を信ずる心も入っているので、智慧を磨《みが》き続けることも信仰心の増強のなかには含《ふく》まれます。

また、「判断力」「交渉力《こうしょうりょく》」「説得力」等を磨いていくことによって、まずは自分自身の力で成功の道が開けていくようになります。信仰心を増強するなかで、自分の力によって道が開けるのです。

そして、その道が大きくなればなるほど、天上界《てんじょうかい》からの支援《しえん》も強力なものになってきます。その人が本来の仕事に就《つ》いていないときには、天上界も応援のしようがないのですが、その人が本来の仕事に就くと、いよいよ、「待ってました」とばかりに、守護霊《しゅごれい》や指導霊も仕事をし始めるのです。

まだそこまで行《い》っておらず、幼稚園児《ようちえんじ》が砂場で遊んでいるような状態のときには、「転ばないようにしろ」と言ってもしかたがないので、天上界も指導のしようがありません。そのようなときには、大きな指導は受けられないのですが、本来の仕事に就けば、それなりの指導が下りてきます。

したがって、まずは自分で道を広くし、長くし、強くして、進んでいくことが大事です。そこに大きな他力《たりき》も働きかけをしてくるのです。

神仏の心に適《かな》った仕事の実現によって、ユートピア建設が進む

以上、仕事論として、「幸福の科学的仕事法」を述べてきました。

「この幸福の科学的仕事法は、この世的なハウツー的成功にとどまることなく、成功していく道程のなかで、実は、ユートピア建設を目指しているものなのだ」ということを知らなくてはなりません。

各人が本当に仏神の心に適《かな》った仕事を実現することによって、実は、それだけ、毎日毎日、一鍬《ひとくわ》ずつユートピアが広がり、その建設が進んでいるのです。

「仏神の心に適った方向で仕事ができない」ということは、ある意味で、ユートピア建設を妨《さまた》げています。退歩し、ユートピアを破壊《はかい》していることになるのです。

「仕事ができる」ということは大事です。それは、決して、この世的なことだけではありません。正しい方向に向いているのであれば、ユートピア建設にとって、ものすごく大きなパワーになるのです。

したがって、よい仕事をしなくてはいけません。心を込《こ》め、細心の注意を払《はら》って仕事をし、確実に一歩一歩を進め、よい仕事を達成していくことが大事です。

第4章

女性のための経営入門

1 経営理論が詰《つ》まった『社長学入門』

経営者や経営者を志す人たちのために、私は、二〇〇八年に『経営入門』を出版し、その翌年には、引き続き『社長学入門』を出しました（いずれも幸福の科学出版刊）。また、『社長学入門』第3章の「社長学入門」については、法話《ほうわ》を収録した「DVD・CDセット」（宗教法人幸福の科学刊）も併《あわ》せて発刊しました。

この『社長学入門』という本は、値段が一万円ぐらいするため、「高い」と感じる人もいるかとは思います。しかし、この本の内容は、当会信者の経営者たちが受講した「経営研修」のエッセンスの部分なのです。したがって、その内容を学ぶことで、自分の会社から、何百万円、何千万円、あるいは億の単位の利益が出たりするのであれば、「安い」という考え方もあります。それは、各人の感じ方次第《しだい》でしよう。

普通《ふつう》の本より値段は高めですが、経営者向けの本なので、一般書《いっぱんしょ》との差を明らかにするために、高くしてあるわけです。

内容的には、経営理論がぎっしりと詰《つ》まっており、かなり経営学を勉強した人が読んでみても、「これほどたくさんあるのか」と思うぐらい、いろいろな手法が書かれています。

これは、経営のプロ筋が見ても、そうとう出来のよい本なのです。経営そのものは生き物であるため、それを、ここまで理論化・体系化し、「スキャンしたように静止した状態で見る」ということは、とても難しいのです。

そのように、経営そのものは非常に難しいものなのですが、本章には、そうした『社長学入門』のさらに「入門」ということで、「女性のための経営入門」という題を付けてみました。

ただ、この題は方便であり、本章の内容は、実は男性にも適しています。大部分の男性は、ずばり経営者用の話を聞いても分からないので、「女性用の話だ」と称《しょう》しつつ、男性にも、イントロダクション（序論）として、入門的な内容を述べておきたいと思ったのです。

もちろん、『社長学入門』には、女性のなかでも、特に、「管理職、経営陣《じん》、エグゼクティブとして、あるいは社長として活躍《かつやく》したい」と思っている人にとって、参考になる内容が含《ふく》まれていると思います。

率直《そっちょく》に言って、『社長学入門』一冊に、零細《れいさい》企業《きぎょう》を中小企業から大企業へと発展させていく手法はほとんど網羅《もうら》されています。あとは、その手法を、業種の違《ちが》いに応じて、それぞれ具体化すればよいようになっているのです。

2 イントロダクションとしての「経営入門」

経営は「人間学」と「採算学」

さて、本章は、「女性のための経営入門」というテーマなので、まずは、女性が分かりにくいと思うことや参考にすべきことを、できるだけ簡単に述べてみたいと思います。

「経営とは何か」というと、基本的には、「人間学」と「採算学」です。はっきり言えば、この二つであり、「人物をどのように見て、どう使うか」ということと、「収支、つまり収入と支出をいかに均衡《きんこう》させ、収入のほうを増やしていくか」ということに尽《つ》きるのです。その上で、できるだけ、多くの社員を養っていけるように、社業が発展する方向に持っていけばよいわけです。

経営とは、絞《しぼ》り込《こ》んでいけば、結局、「人物学」と「採算学」であり、それは、ある意味での「金銭哲学《てつがく》」「商売哲学」のようなものであると考えてよいでしょう。結論としては、この二つに集中していくものだと思います。

要するに、女性で経営者になりたかったら、まず、人が使えなければ駄目《だめ》です。簡単に言えば、そういうことです。人が使えなければ、経営者になるのは無理なのです。

ただ、女性が女性らしくあろうとすると、人が使えるタイプにはなかなかなりにくいのも実情です。人が使えないように見えるタイプのほうが、女性らしく見えることが多いので、ここに一種の壁《かべ》があるわけです。

ものすごく、ごり押《お》しをしてくるような、あくの強い女性を見ると、男性も、のけぞってしまうことがあります。また、そういうタイプの女性経営者や女性店長は、女性同士のなかでも、「嫌《いや》だな」と言われることが多いのです。つまり、「あの人は、ちょっとあくが強すぎる。押しが強すぎる。ずけずけとものを言いすぎる」、あるいは、「どこにでもズカズカと入り込んでくる」と思われてしまうわけです。そういう意味で、嫌《きら》われることがよくあります。やはり、物事には、裏表の両面があるのです。

しかし、人が使えるようになるためには、結局のところ、人間学に通じていなければなりません。すなわち、「人間通」でなければいけないのです。いろいろな人間のタイプを知っていることが大事なのです。

もちろん、人間のタイプを分類するのは難しいことですが、少なくとも、「こういうタイプの人に対しては、こういうことをすれば喜ばれる。こういうことをすれば嫌われる」というようなことを知っていなければいけないのです。

自分中心ではなく、「相手の立場」でものを考える

その前に、まずは、一人のビジネスウーマン、ビジネスパーソンとして仕事ができなければ、経営者にはなれません。いちばんの根本《こんぽん》は、「仕事ができる」という

ことです。まずは、これが非常に大事なことなのです。

では、「仕事ができる人」になるためにはどうすればよいのでしょうか。基本的には、自分中心の視点以外の「ものの見方・視点」を持てるかどうかが大きなポイントとなります。

人間には、自分中心にものを考えていく癖《くせ》がどうしてもありますが、特に、我《が》が強い女性になると、その自分中心という視点を全然はずせない感じになります。

もちろん、この自分中心の視点がお客様のニーズにぴったり合っていれば、それなりに成功することもあります。しかし、現実には多様なお客様がいるわけなので、自分中心にものを考えて、ただただ、「自分はこれがいいと思う」と言っても、相手には通じないことが多いのです。

例えば、今、私が法話をしていて、それをセンターからビデオカメラで撮《と》っているとします。その場合、「自分中心」というのはどういうことかというと、そのセンターのビデオカメラを据《す》え置いて動かさないようなものなのです。つまり、「この角度がいちばん映りがいい」という所にビデオカメラを構えて、一切、動かさないわけです。しかし、その場合、私が動いたらどうなるかというと、私の姿はとたんに消えてしまいます。

このように、お客様というものは、そのときの状況《じょうきょう》や懐《ふところ》具合によって変化していく生き物なのです。そのため、自分は「これがいちばんよい」と思っても、あるいは、「わが社の製品のなかではこれがよい」と思っても、その品物が相手に合うとは限りません。

むしろ、変化する相手の心を読み、「その人にとって、これがいちばんよい」と思うものを勧《すす》めるほうがよいわけです。

また、自分の会社の利益ということで言えば、値段の高いものがたくさん売れるほうがよいでしょう。しかし、高いものが似合う人もいれば、似合わない人もいます。また、大きいものが似合う人もいれば、小さいものが似合う人もいます。あるいは、その人の趣味《しゅみ》や嗜好《しこう》等もあります。

したがって、基本的には、「相手の立場に立って、ものを考えることができる」ということが、男女を問わず、まずは仕事ができるようになる原点の一つなのです。

経営を成り立たせる「三種類の仕事」とは

ここで言う「仕事」とは、いわゆる経営を成り立たせる仕事のことです。これを分類すると、大きく言って三種類ぐらいがあります。

一つ目は、販売《はんばい》系の仕事です。これは、世間で、「営業」「セールス」「マーケティング」などの言葉でよく言われている仕事であり、「どのようにして、ものを売りさばいていくか。売り上げ増大に持っていくか」という、ものの考え方が必要とされます。まずは、こういう営業・販売系の仕事があります。

二つ目は、製造系、すなわち「ものをつくる」仕事です。これは、商品をつくったり、ソフトを開発したりするような商品開発系の仕事で、もちろん、そのなかには研究的な部門も含《ふく》まれます。こういう研究開発・製造部門が、もう一つあります。

三つ目は、管理部門の仕事です。このなかには、いわゆる一般《いっぱん》事務をはじめとして、財務や経理、人事、総務等の仕事があります。

このように、仕事というものは、大きく見て、だいたい三種類に分かれているのです。

中小企業《きぎょう》、あるいは零細《れいさい》企業においては、たいていの場合、「何かの新製品、新商品を開発して、それが当たった」というようなことがなければ、そもそも会社が成り立ちません。そのため、社長になっている人には、商品開発ができた人がわりに多いのです。また、そうでない場合には、やはり営業力が抜群《ばつぐん》で、いつも〝売り上げトップ〟になるようなタイプの人が社長になりやすいと言えます。

ところが、会社が一定以上の大きさになってきて、大会社風になると、今度は、先ほど述べた、いわゆる間接部門、管理部門の人材もトップのほうに上がってき始めるのです。会社が大きくなってくると、全体の事務が見えるとか、財務・経理的にお金の流れが見えるとか、人事ができるとか、事務全体をどのように組み立てていけばよいかが分かるとか、組織がつくれるとか、こういうタイプの人の重要性がだんだん増してくるわけです。

例えば、セールスマンとして優秀《ゆうしゅう》な人でも、営業の人数が増えてくると、他の人に大きな差をつけることがなかなか難しくなってきます。会社が小さいうちは、ものすごく大きな差がつきますが、会社が大きくなってくると差がつきにくくなるのです。

また、会社が小さいと、新商品開発においても、ちょっとしたアイデアや思いつきだけでヒットすることがありますが、大きな会社になると、大勢の人が研究開発に当たるようになってくるので、個人の力量だけではうまく行かなくなってきます。

したがって、企業が大きくなればなるほど、多くの人々を組み合わせて使うことによって、よい成果を出す方向に力を発揮させなければいけなくなってくるのです。

会社における「経理・財務」機能の重要性

このように、会社の仕事には、基本的に、「営業・販売系の仕事」「商品開発・製造系の仕事」「管理部門、間接部門系の仕事」があります。この三つの柱が、うまくバランスを保ちながら発展していかなければ、経営は大きくなっていかないのです。

例えば、いくらよい商品を思いついて開発したとしても、お金がなければ、それを宣伝することも、人を雇《やと》って売ることもできません。やはり、営業部隊がいなかったら、それを売ることはできないのです。

それから、「営業部隊もよし。商品もよし」と言っても、やはり、お金の面で、きちんとした仕事のできる人がいなければ、会社の経営はうまくいきません。

特に財務は、基本的に、「お金の出し入れ」と見てよいでしょう。普通《ふつう》は、銀行等の金融《きんゆう》機関からお金を借りてくるわけですが、そのお金を返しつつ、さらに利子を払《はら》いながら、それ以上の利益を上げることができれば、会社は潰《つぶ》れません。

したがって、銀行からお金を借りてきた場合、元本《がんぽん》を五年ないし十年かけて月割りで返済しながら、さらに、何パーセントかの利子を払わなければいけないのですが、それらの返済を超えるだけの収入が上がってくるかどうかが大事なのです。それ以外にも、給料等の人件費、製造費、購買費《こうばいひ》、商品を仕入れる費用など、いろいろな費用がかかります。つまり、借金による利払い、元本払い以外に、ものを買ったりする資金や、給料を払う資金等が要《い》るようになるわけです。

このようなことを考える部門として、会社が小さいうちは「経理」だけでもよいのですが、会社が大きくなると「財務」という機能が必要になってきます。

この財務的な機能というのは、人体にたとえると、血液の部分にかかわるものです。つまり、お金という〝血液〟が上手に循環《じゅんかん》しているかどうかを見ているわけです。心臓から出た血液が、動脈を通り、静脈《じょうみゃく》を通って再び心臓に帰ってくるように、資金繰《ぐ》りがうまく回っていれば、会社という体は死なないのです。

3　女性が経営者になるために求められる能力

「ヒットするかどうか」が感覚で分かること

女性が経営者になるためには、とりあえず、何か一つは、特徴《とくちょう》的な能力を持っていなければなりません。そうでなければ、まず無理です。際立《きわだ》っているもの、秀《ひい》でたもの、人から見て「これはできるな」と思われるものがなければ、そう簡単に、管理職に上がっていけるものではないのです。

特に私が述べておきたいのは、「今は、全体的に、感性的なもの、感覚的なものが非常に優《すぐ》れている会社が生き延びている」ということです。

生き延びている会社は、必ずしも、物事を理性的・知性的にのみ考えて成功しているとは思えません。「感性や感覚でもって、ヒットすることが分かる」ということが非常に大きいように思います。

したがって、「これはヒットするか」「これは、どの程度の人の目に触《ふ》れ、総合的にどういう判定を受けるか」ということが見えるかどうかです。こうした感覚を持つことが非常に大事なのです。この能力に関しては、ある意味で、男性よりも女性のほうが優れていることもありえますし、鍛《きた》えることも可能です。

「自分の友達がどう言うか」ということだけではなく、「これを多くの人が使ったら、どう感じるか」、あるいは「ターゲットの年代層・購買層《こうばい》の人たちからは、どう見えるか」ということが分かる目を持っている人は、希少価値があり、非常に大事な存在です。こういう人こそ、今、ほとんどあらゆる業種において、必要とされている存在なのです。

例えば、テレビ局では、ディレクターやキャスターなどで、優秀《ゆうしゅう》な才能を持った人になると、番組を放映している最中に、「今、視聴率《しちょうりつ》が何パーセントぐらい取れている」ということが、感覚で分かるそうです。

まるで霊能力《れいのうりょく》のようですが、スタジオのなかにいるだけで、「おそらく、今は××パーセントぐらいだろう」ということが分かるようになれば、その人は「腕利《うでき》き」と言えるわけです。

こういう能力があれば、例えば、会社で何か商品を売り出したときでも、「この商品は、どの程度、人気が出て売れるか。あるいは返品があるか」ということが分かるようになっていきます。

霊的な修行《しゅぎょう》は、意外に、仕事や経営に効いてくることがあるのです。

感性の部分は、人間の深いところでつながっているものであり、日本全国で、いろいろなかたちのサンプリング調査等を行うと、一定の傾向《けいこう》が出てきます。つまり、数百人、千人、二千人の調査で出てきた傾向は、一億人に対しても、やはり、同じように当てはまります。サンプルによって、ある程度の誤差はあるでしょうが、一定の集団において出てきた傾向は、全体的にも出てくることがあるのです。

したがって、「ターゲットのサンプルがどのように感じるか」ということを集合的につかむ才能を持つことが非常に大事です。こうした才能があれば、人々の気持ちも、ある程度、分かってくるわけです。

「天動説」ではなく、「地動説」を心掛《こころが》ける

そのときに必要な心掛《こころが》けは何でしょうか。

まず、よく言われるのが、「地動説・天動説」のたとえです。地動説は、「地球が太陽の周りを回っている」という説であり、天動説は、「太陽が地球の周りを回っている」という説です。そして、経営的に失敗し、自滅《じめつ》していく経営者のほとんどが、後者の天動説型の人なのです。

社長には、「自慢《じまん》する」という天狗《てんぐ》パターンの人が多いと言えます。確かに、一定の地位を築いたことや、かつて実績を出したことは認めます。ただ、時代が変化したり、人々の欲するものが変わってきたりしたときに、その流れが読めずに、いつまでも「わが社はこれでよいのだ」と言い切り、自分の考えを変えない人がわり

に多くいるのです。これが天動説型の人です。

こうした、「わが社が世界の中心であり、世界はわが社の周りをぐるぐると回っている」と思っているような、いわば、頑固《がんこ》なワンマン型社長の経営する会社が潰《つぶ》れていく時代に入っていると考えてよいでしょう。

常に、世間の流れやトレンド、お客様の好みの変化等を捉《とら》えていくことが大事です。「わが社の製品は日本一です」と自慢しているだけでは駄目なのです。

「流行《はや》らせる」ためには仕掛《しか》けが必要

そうした変化に合ったものを考えつく人は、やはり、偉いと思います。

例えば、男性である私としては言いにくいのですが、女性の衣類の一つに、「スパッツ」というものがあります。

ストッキングよりも厚い素材ではあるものの、昔であれば、下着に分類されるようなものかと思いますが、女性たちは、それをスカートの下に穿《は》き、平気で外を歩いています。「その姿を田舎《いなか》の人が見たら、思わず、『下着が出ていますよ』と指摘しそうになるのではないか」と私は思うのですが、そういうものが、けっこう流行《はや》っているのです。ということは、現実にニーズがあるわけです。

おそらく、スパッツを仕掛《しか》けた人は、「女性の大部分は、冷え性で悩んでいる。スカートを穿きたいけれども、冷えるので、何かスカートの下に穿くものが欲しいに違いない。しかし、今は誰もそういうものを穿いていないので、穿くのは恥《は》ずかしいだろう。では、どうするか。スカートの下に何か穿いても、それを流行《りゅうこう》のように見せてしまえば、誰もが穿けるようになるのではないか」と考えたのでしょう。

このように、流行を仕掛ける人がいて、女性たちが、みなスパッツを穿きだしたら、穿くのが怖《こわ》くなくなります。しかし、そこまで流行らなければ、スパッツを穿いた人は恥をかくようになり、女性は、いつまでも冷え性で苦しまなければいけないことになるわけです。

おそらく、世の男性は、初めてスパッツを見たときに、衝撃《しょうげき》を受けたのではないでしょうか。しかし、スパッツを穿いている女性を何人か見続けると、「そういうものが流行っているのかな」と思うようになり、しだいに〝洗脳《せんのう》〟され、抵抗《ていこう》できなくなっていくわけです。

このように、「これは流行るかどうか」ということを見抜《ぬ》く力だけではなく、あるいは、流行るのを待つだけではなく、「流行らせる」ということをやってのける力があれば、その人は、経営者として偉いと思います。

言葉は悪いのですが、「今年の流行はこれです」と言って、だんだん〝洗脳〟していくわけです。今年の流行がそれでなければいけない理由は、特にありません。どこかに、情報の発信源として、有力なプロデューサーか商品のバイヤーが必ずいるはずです。その人が仕掛けて、一定以上の成果を収めると、ほかのところがまねし始めるので、それが流行るわけです。

やはり、「仕掛け」というのは大事だろうと思います。

先見性が〝イニシアチブ利益〟を生む

毎年、私は、年末になると、著書として「法シリーズ」を出しています。例えば、二〇〇九年には『創造の法』、二〇一〇年には『救世の法』を出しました（二〇一一年二月には『教育の法』〔いずれも幸福の科学出版刊〕を緊急《きんきゅう》発刊）。

世間のトレンドが分からない会社のなかには、私の法シリーズが発刊されると、「来年はこれが流行りだ」という感じで準備をし、二番手として、まねをしてくることがあります。

すなわち、私が、本のタイトルに付けている『〇〇の法』の、〇〇の部分をキーワードとして使って、自社のものを流行らせようとするわけです。それを出版物に使ってくることもあるし、出版物ではないものに使ってくることもよくあります。

年初になると、「今年は〇〇が流行る」などと言う人がたくさん出てきますが、私が「法シリーズ」として何を出したかを見て、発言する人もけっこう増えてきています。やはり、「時代の仕掛け人」というのはいるわけです。

こうした仕掛け人になるためには、先ほど述べたように、地動説の立場を取らなければいけません。「自分を中心にして、周りが動く」と思わずに、「自分のほうが〝公転〟している」ということを知らなければいけないのです。

そのためには、「今、世間が求めているもの」「これから求めるであろうと思われるもの」「世間はこのように変わっていくであろうと思われるもの」を、常に見つめ続ける癖《くせ》を身につけることが大事です。それを「予見力」と呼んでも、「先見性」と呼んでも結構ですが、こうしたことが人よりもいち早く分かる人は、仕事において、トレンドをつかみ、成功を収めることができるのです。

大勢の人が群がって、そこに向かって行き始めたときには、すでに遅《おそ》いことが多いのです。最もできる人は、それが流行る前に気がつき、人々が乗ってき始めたころには、その流れから抜けて、次の研究に入っています。それが理想的なスタイルなのです。

人々が、みな飛びついてきたあとから参入するようでは、新しい商品などをいろいろとつくっても、結局、在庫の山、返品の山になることがよくあります。

もちろん、二番手商法というやり方もありますが、世間ですでに流行っているのを確認してから参入するようでは、それによって得られる〝イニシアチブ利益〟とでも言うべきものは少ないのです。

やはり、これから流行るものをつくり出すことが大事です。まだ流行っていないものを流行らせることで、売り上げが伸《の》び、利益が増し、会社は急速に大きくなっていくのです。

「流行る前のものをいち早く察知し、それを流行らせる。そして、みながまねをし始めたときには、いち早くそこから脱出《だっしゅつ》し、次のトレンドを探す」というのが、理想的ではないかと思います。

「シャネル」に見るブランド確立のための戦略

一方、「一つのスタイルを守り続ける」という方法もあります。

例えば、シャネルがそうです。数年前、ココ・シャネルの生涯《しょうがい》を描《えが》いた映画がありましたが、彼女の起こしたシャネルは、何十年もの間、パターンがずっと同じです。格子柄《こうしがら》に縁取《ふちど》りをしたスタイルを延々と守り続けて変えません。あの頑固さが、経営の安定につながっているのです。誰が見ても、「これはシャネルだ」と分かると、それがブランドになって一定の値打ちを生むわけです。

シャネルのまねをした服などもたくさん出ていますが、値段を見ると、シャネルの十分の一ぐらいです。ところが、本物のシャネルのほうは、数十万円もの値段が付いています。

細かく見れば、模様だけではなく、服の生地も、二重、三重に複雑に織り込《こ》んだ上品なものを使っているので、手に取ってよく見ると、本物と紛《まが》い物との違いは、はっきりと分かります。

遠目で見て、違いがよく分からないものはつくられてしまうわけですが、実際に、実物を手に取り、生地の織り方やつくり方をよく見れば、そうとう手が込んでいます。本物には、やはり、「なるほど。だから高いのか」と思わせるものがあります。

このように、「パターンを変えずにブランドを確立する」というのも、一つの戦略です。「ロングセラーをつくる」という頑固さも、経営成功法の一つであり、大《だい》企業《きぎょう》になったような会社というのは、何か、そうしたロングセラーをつくれたところでもあるのです。

ロングセラーをつくるまでには、試行錯誤《しこうさくご》がたくさんあるでしょう。しかし、いろいろな試行錯誤をしながらも、そのなかから、ロングセラーをつくることができれば、それは一つの発明であり、それをつくった人は、リーダーとしてイニシアチブを取れるのです。

ちなみに、私が小学生のころ、絵を描《か》くときに、縁取りを付けると、それだけでうまい絵のように見えた経験があります。クレヨン画を描いても、水彩画《すいさいが》を描いても、縁取りを付けると、絵がうまくなったような気がしたのです。シャネルの原点は、基本的には、そこにあると思います。

このシャネルと対照的に、毎年毎年、いろいろなタイプのデザインを繰《く》り出してくるところもあります。

「ダイアンフォンファステンバーグ」がそうです。次から次へと新商品を出してきます。創業者であるデザイナーはまだ健在であり、今、六十五歳《さい》ぐらいです（収録当時）。数年前、日本にも来ましたが、「毎年、これだけ違うものをよく出してくるな」と思うほど、いろいろな種類のものを出してきます。

例えば、「一見、セクシーで、背の高い細身の女性にしか合わない服のように見えるのに、いろいろな体形の女性が着ることができ、実際に着てみると、体形を分からなくすることができる」という、不思議な商品（ラップドレス）があります。それを中心に、毎年、新しい種類のものをぶつけてくるわけです。

これは、シャネルとは対極的な考え方ですが、次々と新しいものを出し続けるのは、そうとう創造性が高くないと難しいでしょう。服の場合、商品の寿命《じゅみょう》が短いので、製造コストはけっこう高くなります。そのため、「ある程度、数量に限定をかけて高めに売らないと、元が取れない」ということになるだろうと思います。

「安売り」か、「高付加価値戦略」か

それから、女性向けによく使う手として、「限定商品」というものがあります。女性は「限定品です」と言われると、少しくらい高くても買ってしまうことがよくあるのです。人間の心理として「限定品です」と言われると、「値段の付けようがないものなのかな」と思ってしまうので、これには弱いわけです。

今、日本は全体的に不況《ふきょう》と言われており、流行っているのは、超《ちょう》安売店ばかりです。ファーストリテイリング（ユニクロ）や大黒天物産のように、安売りをどんどん仕掛けてくるところが、すごく伸びています。

ただ、安売りするのは大変だろうと思います。安売りをするところは、ほかにもたくさんあるので、最後は「体力勝負」「食うか食われるか」になります。潰れる

前に、体力をつけ切ることができなければ危険です。

これに対抗する、もう一つの戦い方は、「高付加価値戦略」です。つまり、「ほかにはない」「ここだけしかない」というものをつくり、「この部分に特に凝《こ》っているので高いのだ」と言って、値段の高いものを売っていくわけです。

今の不況期には、この二つの戦い方しかありません。どちらかをとらなければ、現実には、ほとんど生き残れないのです。

高付加価値戦略の一つとしては、限定品で、値段がものすごく高いものを売っていくこともあるでしょう。

例えば、普通の店では、三万円ぐらいで売られているようなスタイルの時計が、その店で買うと、数百万円とか、一千万円とかする場合もあります。「限定品です。世界で三個しかありません」などと言われると、それを買う客が一定の率でいるわけです。

三万円の時計で一千万円の売り上げをあげるためには、三百個以上、売らなければいけません。三百個以上も時計を売るのは大変ですが、一千万円の時計であれば、一点、売れるだけでよいわけです。

一カ月の間には、こうした層の客が何人か入ってくることがあるでしょうから、そのときには、すかさず、値段の高いものを売ることです。それができれば、高収入を得ていくことはできます。

銀座の接客業の女性による「客筋の見抜き方」

この場合、「客筋を見抜く」ということが非常に大事です。接客業の女性などは、女性特有の〝勘《かん》の経営〟によって客筋を読み、「相手が、どのくらいの地位の人で、どのくらいの収入があるか」、あるいは、「財布のなかに、どのくらい入っているか」ということまで当てられるといいます。

銀座のクラブの商売の鉄則を書いた本などを読むと、彼女たちは、「客が店に入って来た瞬間《しゅんかん》に、『財布のなかに、いくらぐらい入っているか』『この人は、自分のお金で飲む人か、会社のツケで飲む人か』ということまで分かってしまう」ということが書かれています。

女性の勘というのは、本当に怖いものです。彼女たちは、本当は人間の頭で考えているのかどうかは分かりません。銀座あたりにも、お稲荷《いなり》さんなどを祀《まつ》っている場所があるので、何かが憑《つ》いて教えているのかもしれませんが、けっこう当たります。客の振《ふ》る舞《ま》い方や、その客が連れてきた人との接し方等を見ると分かるわけです。

また、たいていの場合、地位や年収、財布の中身などは、「腕時計を見れば当てられる」と言われています。そのため、そうした接客業の女性たちは、「男性ものの腕時計は、今、何が流行っていて、値段はいくらぐらいか」ということを頭に入れているのです。そして、ちらっと客の腕時計を見て、その値段が分かれば、その人のだいたいの年収が分かり、社会的地位を確定できるわけです。

したがって、そういう女性たちは、男性以上に、腕時計の値段や流行などをよく知っていることが多いのです。たいてい、彼女たちが見るのは腕時計ですが、あとは、服を見て当てる場合もあります。「服やネクタイ等を見る」という人もいるようです。

ティファニーのニューヨーク本店での体験

私は、外に出かけるときに、けっこうラフな格好をして歩いています。

以前、私が公務でニューヨークに行ったときもそうでした。ニューヨークには、強盗《ごうとう》やスリ、泥棒《どろぼう》がたくさんいるので、なるべく、お金持ちに見せないようにしないと、危なくておちおち街を歩けません。ただ、あまりにも粗末《そまつ》な格好をしていると、高級店などで相手にしてくれない場合もあります。

そのとき、私は、わりに粗末な格好をしていたのですが、ティファニーのニューヨーク本店に立ち寄ったところ、店の人たちは、私に対する対応をサッと変えました。「この人は、粗末な格好をしているが、お金を持っている」と一瞬で私のことを見抜いたのです。

なぜかというと、私のそばについている人の態度が違っていたからです。私が、いくら普段着《ふだんぎ》や散歩着のような格好をして、安物の装飾品《そうしょくひん》を身につけ、サングラスをかけ、どこの人か分からないようにして歩いていても、実は、そばについている人の態度や振る舞い方を見れば、私がどういう人間であるかの推定がつくわけです。ティファニーの店員は、そういうところを見て私を見破ったのです。

女性の最大の武器は、やはり人を見抜くことにあります。その際に、相手の趣味《しゅみ》まで分かるともっとよいでしょう。

そのような、男性を自由に操れる魔法《まほう》を持っている女性が商売をすれば、けっこううまくいくと思いますが、相手の気持ちが読めないタイプの女性、空気が読めず、いわゆる「ＫＹ」と呼ばれるタイプの女性の場合は、あまりうまくいかないことが多いのです。

したがって、女性経営者として、成功の第一歩を記すためには、「感性に基づく直感力が優れている」ということが非常に大事になります。

4　女性経営者に必要な「もう一つの能力」

一種の〝男性頭脳〟を身につけよ

女性経営者は、「お客様の立場に立って、物事を感性的に考えていく能力」を持っていなければならないのですが、さらに一歩を踏《ふ》み出して、もう一つの能力も身につけておかなければなりません。それは、「ロジカル・シンキング（論理的思考）」という、論理的なものの考え方です。

実は、女性には、筋道だった考え方をすることが苦手な人が多いのです。これができるのは、理科系の秀才《しゅうさい》だった女性です。また、法学部や経済学部などで勉強をした女性や、そのような方面で職業訓練を積んだ女性にも、それが多少はできる傾《けい》向《こう》があります。

この考え方ができる人は、一種の〝男性頭脳〟の持ち主なのですが、女性経営者は、実は、こうした男性頭脳の部分を、水面下に持っていなければならないのです。男性頭脳の特徴《とくちょう》は、基本的には、「考え方がロジカル（論理的）である。考え方において、一種の論理の組み立て、筋道を持っている」ということです。

感性は、イカやタコのようにグニャグニャしており、軟体《なんたい》動物風にかなり動くのですが、この〝男性的なもの〟は、言ってみれば、背骨に当たるものです。

この背骨に当たるものをつくり、それを発達させ続ける女性が、経営者には向いているのです。

したがって、この背骨に当たるものを考え続けることが大切です。

「経営理念」は頭蓋骨《ずがいこつ》、「中心的な仕事」「使命」は背骨に当たる

背骨の先には、頭蓋骨《ずがいこつ》、すなわち頭があります。この頭に当たるものは、いった

い何でしょうか。

それは、会社等で「経営理念」と言われているものです。この「経営理念」という言葉はよく使われていますが、難しくて何のことか分からない人もいるでしょう。経営理念とは何かというと、「わが社は何のためにあるのか」という質問に対する答えです。要するに、「わが社がこの世に存在する理由」なのです。

この「わが社は何のためにあるのか」という質問を常に反芻《はんすう》できる人が経営者です。経営者は、出勤の途中《とちゅう》でも、会社からの帰りでも、昼休みでも、夜寝《ね》ているときでも、お化粧《けしょう》を落としているときでも、「わが社は何のためにあるのか」ということに対して自問自答し、その経営理念をガシッと押《お》さえなくてはなりません。

この「経営理念」が、魚で言うと、肉をはずしたあとの頭蓋骨に当たる部分です。

それでは、背骨に当たる部分は何かというと、それは、その会社にとっての「中心的な仕事」です。

要するに、「わが社の従業員たちが食べていくための中心的な仕事は、いったい何なのか」ということ、言葉を換《か》えれば、「わが社は、いったい何を売ろうとしているのか」「わが社は人々に何をサービスしているのか」という具体的なところに、一本、筋を通すのが、この背骨の部分なのです。

例えば、現在、某《ぼう》大手航空会社は経営再建の途上にあります（収録当時）。以前、その会社を外資が買収しようとしたこともありましたが、結局、国が救済に乗り出しました。

その航空会社の再建問題が世間の注目を浴びていたころ、運の悪いことに、その会社をモデルとした映画が公開され、そのなかで、二十数年前に起きた旅客機の墜《つい》落《らく》事故も取り上げられていました。その会社としては、人々が忘れかけていた事故だっただけに、非常に苦しいものがあったでしょう。

結局、その映画は、「航空会社の使命とは、いったい何なのか」ということへの問いでもあったのだと思います。

ここが、やはり、航空会社としての背骨に当たる部分でしょう。この問いに対しては、「お客様の安全を護《まも》る」というところに、一本、背骨を通すべきだと思うのです。

その「お客様の安全を護る」という観点から、経営の合理化を考えたならば、やはり、合理化してよいところと悪いところとがあります。合理化すべき無駄《むだ》な部分と、絶対に手を抜《ぬ》いてはいけない部分とがあるのです。

経営の合理化をお金の面から見れば、「コスト削減《さくげん》」が重要になります。経理的な立場からは、減る金額が同じなら、どの部分を削っても構わないことになります。ただ、経営合理化に当たっては、やはり、「航空会社の背骨に当たる部分、最も大事な仕事は何か」ということを考えなければなりません。

お客様の誰《だれ》もが最も不安に思うのは、「命を長らえて目的地に着けるかどうか」ということでしょう。

したがって、航空会社は、「乗客の生命《せいめい》の安全を護る」ということに関して、絶対に手を抜いてはなりません。ここは背骨に当たる部分であり、最も大事にしなければいけないところなのです。

某《ぼう》航空会社に見る、悪いサービスの実例

さらには、頭蓋骨と背骨のほかに、「背骨から横に出て、脇腹《わきばら》などを保護している骨」の部分があります。

ここは、会社にとって、「各種のサービス」に当たるところだと思います。

航空会社では、「旅客機のファーストクラスが乗客で埋《う》まれば、他のクラスの乗客がゼロであっても、だいたい採算はとれる」と言われています。しかし、ファーストクラスのサービスが、ビジネスクラスやエコノミークラスと変わらなければ、乗客の満足は得られないでしょう。

ファーストクラスの乗客に満足感を与《あた》えるためには、やはり技術が必要だと思います。ところが、「マニュアルでは、こうなっています」というマニュアル主義で、同じ対応だけを続けていると、どうしてもサービスは悪くなるのです。

私は、前述した航空会社の旅客機のファーストクラスに乗ったことがあります。

私の名前を呼び、「よろしくお願いします」と挨拶《あいさつ》してくれた点はよかったのですが、出てきた食事では、ご飯が駄目でした。お米がポロポロで味がなく、まずかったのです。

航空料金のうち、食費代の部分は本当に安いものですが、「機内食がおいしく感じられるかどうか」ということは大事なのです。今、ほかの業界では、「食」の部分に極《きわ》めて力を入れています。最も熱心に取り組んでいるのが、ここなのです。

例えば、スーパーマーケットの経営の立て直しにおいては、お客様が本当に食材を必要とする時間帯である夕方ごろに、から揚《あ》げの上手な揚げ方を実演しながら、それを売ったりしています。また、夕方ごろに魚を切って刺身《さしみ》にし、店頭に出しています。スーパーでは、そういうやり方で、鮮度《せんど》を保つ努力をしていますが、世間では、ほかのところでも、同様の努力をしています。

航空会社では、食事に関し、ファーストクラスならファーストクラス用に外注をしているため、当然、どこかの業者が入っているのですが、「その食事は、実際に食べられるときに、どのような状態になっているのか」ということの確認に関しては、努力の余地があるでしょう。航空会社によっては、機内でご飯を炊《た》き、炊きたてのご飯を提供しているところもあるのです。

また、「サービスの内容を、客に事前に読まれてしまう」というのも残念なことです。「次に、こういうサービスが出てくるはずだ」と、あらかじめ読まれてしまうと、感動を与えることはできません。客にしてみれば、次に出てくるものが、あらかじめ分かっていると、それが出てきても感動しないのです。

これについても、先の航空会社の例で述べましょう。

待合室で搭乗《とうじょう》を待っているときに、サービスとして、お菓子《かし》とお茶が出たことがあります。その場で、お菓子を食べ、お茶を飲んだのですが、機内に乗り込《こ》むと、同じお菓子が、もう一回、出てきたのです。十数分後に、同じものが続けて出てきました。これには社内のコネクション（連係）の悪さが表れています。

もちろん、それを待合室で食べていない客に対しては、同じものを出してもよいでしょう。しかし、それを食べた客に対しては、同じものではなく、別のものを出せばよいと思うのです。ささいなことですが、そうしたところに知恵《ちえ》が回らないのは、明らかに他の業界の勉強が足りていないからでしょう。

感動を呼ぶ「超《ちょう》一流ホテルのサービス」とは

私は、ホテルに泊《と》まったことが数多くあるため、各ホテルのサービスの違《ちが》いもよく分かります。

有名な超《ちょう》一流ホテルになると、従業員たちは、「いらっしゃいませ」と「お帰りなさいませ」の使い分けができます。これについては、やはり、「すごいな」と思います。すでにチェックインを済ませ、泊まり客になっている人を、フロントなどの従業員たちが覚えていて、これからチェックインをする人と区別しているのです。「いらっしゃいませ」と「お帰りなさいませ」の使い方を間違うと、「泊まっている人のことを知らない」ということになります。初めて到着《とうちゃく》した人に、「お帰りなさいませ」と言ったら、間が抜けています。

しかし、すでに一泊している人が、二日目に外出から帰ってきたとき、「お帰りなさいませ」と言われたら、「ああ、私の顔を覚えているのだ」と思います。これは一種の感動体験でしょう。しかも、一日目に、実際に受け入れて案内してくれた担当者とは違う人から、「お帰りなさいませ」と言われたならば、そのときの衝撃《しょうげき》は、もう一段、大きいでしょう。

このへんが実は隠《かく》し味のところなのです。このようなサービスを行っているホテルは、ホテル利用者による評価で、好感度が日本のナンバーワンになっています。

私が特に感心するのは、最初に受け付けをした人ではない人が、「お帰りなさいませ」と言うことです。その従業員たちには、建物に入ってきた人に関して、「買い物などで外出し、帰ってきた人かどうか」ということが分かるのです。

もう一つ例をあげると、初めて入ったホテルでチェックインをするときに、フロントで自分の名前を言われて、驚《おどろ》くことがあります。

これは、実は、ホテルの外にいるドアマンが、小型の通信機器を隠し持っており、客の荷物に書いてある名前を見て、「○○様がご到着です」と言って、小さなマイクでフロントに伝えているのです。そのため、フロントは、「○○様、いらっしゃいませ」と言って客を迎《むか》えることができるわけです。

ところが、客のほうは、非常に驚き、ショックを受けます。初めてフロントへ行ったにもかかわらず、自分の名前を言われるので、「なぜ自分の顔と名前を知っているのだろう」と思います。実は、無線で事前に連絡《れんらく》が入っているのです。

超一流のホテルになると、そこまで仕事を詰《つ》めています。そうしたホテルと、いつまでたっても、まったく何のサービスも出てこないような旅館などとでは、かなりの違いが出てくるでしょう。

経営者は、会社にとって頭蓋骨に当たる部分と、背骨に当たる部分を押さえ、さらに、枝葉《えだは》になってはいきますが、脇腹の骨に当たる各種のサービスを充実《じゅうじつ》させていかなければなりません。

こうした筋道をつくっていく能力、すなわち、いろいろと試行錯誤《しこうさくご》をしながら、仕事やサービスのあり方を定め、会社としてのかたちをつくっていく能力、骨を組み立てて体に通していく能力ができてきたならば、その人には、経営者として会社を大きくする資格があるのです。

「ソフトの標準化」が成功の秘密

そういう意味では、「ソフトの標準化」に成功しなければ、いつまでたっても会社は大きくなりません。大切なのは、「ソフトを標準化できるかどうか」ということなのです。

例えば、本章は、経営学や社長学について、私が考えているソフトを標準化しようとしているわけですが、標準化に成功すれば、それを広げることができます。しかし、標準化に成功しなければ、ケーススタディーしかできず、「こういう場合には、こうなった」としか言えないのです。

この「標準化」は、マイクロソフトのビル・ゲイツが採った戦略です。彼の会社は、「ウィンドウズ」というソフトを出して、世界に広げました。

一九九〇年代に彼の会社が「ウィンドウズ95」を出したとき、私は本人のインタビューを聴《き》きましたが、インタビュアーが、「成功の秘訣《ひけつ》は、どこにありますか」と訊《き》くと、彼は次のように答えていました。

「一言で言って標準化です。自社の製品を世界標準にしてしまうことです。そうすれば、マーケットは最大になります。『○○でしか通用しない』というものでは駄目なのです。わが社は、『世界標準になる』ということを常に目指しています。

わが社でつくったものが、アメリカ国内のみならず、日本であろうが、中国であろうが、どこででも使われるようになれば、マーケットは最大になるのです。そのように、世界標準にまで持っていくこと、これが成功の秘訣です。

世界標準になるようなものをつくることができたら、それを、何年かに一回、更《こう》新《しん》するだけでも、十分に食べていけるようになって、会社は大きくなります。標準化に成功しなかったところは大きくなりません。

これが成功の秘密です」

そのように言って、彼は成功の秘密を明らかにしていましたが、それを明らかにしてもよいのは彼に自信があるからです。「自分にはできても、ほかの人には、そう簡単にはできないだろう」と思っているので、その秘密をばらしているわけです。標準化は、そう簡単にはできないのです。

したがって、組織として大きくなりたければ、「いかにして、優《すぐ》れたものをつくり、それを標準化していくか」ということが大切です。

例えば、同じブランドのチェーン店、同じ〝暖簾《のれん》〟の店であっても、店によって味やサービスが違ったりすると、客のほうは驚いてしまい、がっかりすることがあります。それだけ店の信用は落ちます。一方、「どの店に行っても、その期待に違《たが》わない」ということであれば、客は「よかった」と思うのです。

5　事業の原点とは何か

客の期待するサービスができないところは潰《つぶ》れる

第1章でも述べましたが、以前、船場吉兆《せんばきっちょう》という有名な料亭《りょうてい》が、客の食べ残したものを使い回ししていたことが分かり、廃業《はいぎょう》になりました。

もし、その悪いイメージが全国の他の吉兆にも広がったら、高級料亭のイメージが完璧《かんぺき》に崩《くず》れてしまいます。そこで、「船場吉兆のみで行われていた」ということを、どうしても証明する必要があって、船場吉兆を潰《つぶ》したわけです。そうしないと、「どこの吉兆でも、行われているのではないか」と思われるからです。

同じような例は、ほかにもあります。

以前、私は徳島駅前のあるホテルに泊《と》まったことがあります。そのホテルで、朝、フレンチトーストを頼《たの》んだところ、とてもおいしかったので、「徳島で、こんなにおいしいフレンチトーストを食べられるなんて珍《めずら》しい」と感動しました。

それで、翌朝にも、もう一回、フレンチトーストを頼んだのですが、今度はまったく味が違《ちが》っていました。おそらく、担当の料理人が週末で休んだため、別の人がつくったのでしょう。

最初の日のものは、とてもジューシーで、焦《こ》げていたりもせず、上手にできていたのですが、翌日のものは、真っ黒焦げに近いような状態だったのです。

私は、「注文しなければよかった」と思いましたが、そのホテルは一度倒産《とうさん》したので、客の判定はもう出ています。そのホテルは、現在、経営再建中のようですが、世間は厳しいものであり、客が期待しているのと違うものが出てくるようでは駄目《だめ》なのです。

また、静岡《しずおか》のほうには、旅行のパンフレットなどにもよく載《の》っている有名な旅館があります。おそらく、宣伝がしっかりしているのでしょう。

私が静岡方面に行くときに、私の秘書が、「この旅館はどうですか」と、その旅館を何度も推薦《すいせん》してきたことがあるのですが、私は拒否《きょひ》したのです。

というのも、昔、そこに宿泊《しゅくはく》したときの悪い印象が、どうしても抜《ぬ》けなかったからです。そのとき、私は離《はな》れの部屋に泊まったのですが、出てきた料理が、全部、冷めていたのです。料理を離れまで運んで来るのに時間がかかったのかもしれませんが、全部冷めていたので、「客に、こんな冷たいものを食べさせるのか」と思いました。

それ以降、「ここは静岡で一番の旅館です」と、何度言われても、私は信じられないのです。

たいていの客はクレームを言ってはくれない

以前、私は、千葉県の浦安《うらやす》のほうで講演会やセミナーをよく行っていましたが、その当時、新規にオープンしたばかりのホテルに泊まったことがあります。

そのときの話は、前にも述べたことがありますが（『経営入門』第三部第3章参照）、コーヒーを頼んだところ、なかなか出てこなくて、三十分後ぐらいにやっと運ばれてきたのですが、そのコーヒーは冷めてぬるくなっていました。

一度、そういうコーヒーを飲まされたら、二度とそこに泊まろうとは思わなくなります。「コーヒーを注文したら、三十分後に、冷めてぬるくなったコーヒーが出てくる」などというのは、サービスのうちに入っていないのです。そんなところには、二度と泊まりたくなくなります。

しかし、客というのは厳しいもので、そういうクレームを言ってはくれないのです。ホテルには、「何か苦情があればお書きください」という、クレームを書く用紙が置いてありましたが、十人に一人も書いてはくれないものです。

それを書くということは、〝最後通牒《つうちょう》〟を突《つ》きつけることを意味するので、「もう二度と泊まらない」という意志を固めたとき以外は、書くことはないのです。

私も、一回か二回、クレームを書いて出したことがあるのですが、そこの仲居《なかい》さんは、その紙を見た瞬間《しゅんかん》、体をガクガク震《ふる》わせていました。客がその紙を出すということは、クレーム以外にはないので、私が出した段階で、それを読む前に、もう真っ青になって震え始めたのです。

そこは、京都の老舗《しにせ》旅館で、ある通りを挟《はさ》んで向かい合って建っている旅館なのですが、それ以降、そこには二度と泊まっていません。

その旅館に泊まったとき、私は、「タオルがカビ臭《くさ》い」というクレームを書いたのです。それまで、何度泊まっても、やはりカビ臭かったからです。カビ臭さで、古きよき旅館であることを演出しているならともかく、タオルがカビ臭いということは、使用済のタオルを長時間放置し、洗うまでに時間がたっていることを意味しています。

したがって、そこが、いくら有名旅館であり、そこの大女将《おおおかみ》が本を出したりしていたとしても、私は、断固として、二度と泊まるつもりはありません。

私は、そういうクレームを書きましたが、やはり、それを書いたら、もう泊まらなくなるものです。客に対して、「ご自由に、ご意見をお書きください」と言っても、客が実際にそれを書いたときは、もう終わりであり、だいたい、二度と来てはくれません。普通《ふつう》は、何も言わずに来なくなるものです。

事業の原点は「リピーターを増やしつつ新規の客を増やすこと」

これは、宗教においても同じだと思います。宗教団体は、信者が離れていく理由をあまり詳《くわ》しくは追跡《ついせき》していないでしょうが、そこには一定の理由があると思うのです。

例えば、「支部長が嫌《きら》いだ」とか、「女性部長が嫌いだ」とか、「支部の雰囲気《ふんいき》が嫌いだ」とか、「説法など、ソフトの内容が悪い」とか、理由はいろいろあるだろうと思いますが、やめていく人の本音を探ることは、なかなか難しいものです。

やめるときは、無警告でやめていくので、「信者をいかにしてつなぎ止めながら、新たな信者を増やしていくか」ということが大事です。

そのように、「リピーターを増やしながら、新規の客も増やし、かつ、レベルを下げない」ということが、あらゆる事業の原点であり、そのためには、お客様の期待を裏切らないことが非常に大事なのです。

最後に、本章で述べてきたことを総括《そうかつ》してみましょう。

人間学や、感性に基づく直感などが非常に大事ですが、ただ、会社を大きくしたければ、いわゆる論理的なものの考え方も必要で、筋を通していくことが大切です。そういう筋を通していくことは、ある意味での標準化でもあります。そうした標準化のモデルをつくる努力をしてください。

さらには、リピーターをつくる努力を惜《お》しまないでください。どのような事業であっても、リピーターがついているようなところは、なかなか潰れません。「繰《く》り返し来てくださり、さらに新規の客も増えてくる」という状態が、いちばん望ましいのです。

そういう状況《じょうきょう》をつくり出せたならば、不況にも強い企業《きぎょう》になります。

したがって、決してお客様のせいにはしないことです。基本的に、自分たちのほうの問題だと考えるべきでしょう。お客様は、なかなか本音を言ってはくれないので、それを察知する能力を磨《みが》くことが非常に大事だと思います。

本章では、「女性のための経営入門」というテーマで、序論的な内容を述べました。何らかの参考になれば幸いです。

あとがき

およそ経営を志す人なら、あるいはビジネスで成功を目指す人なら、会社から帰り、本書を繰り返し精読することだ。ビジネス論、経営論のエキスが人間学の本家によって洞察されていることが判るだろう。

一人よがりにならず日々研究を怠らないこと。また、明るい未来を信じ、社員たちに夢を見せるためにも、是非《ぜひ》とも信仰者としての立場を持って頂きたいと思う。

本書は霊的光に満ちた経営入門でもある。

二〇一一年　七月二十六日

幸福《こうふく》の科学《かがく》グループ創始者兼総裁《そうししゃけんそうさい》　大川隆法《おおかわりゅうほう》

本書は左記の法話をとりまとめ、加筆したものです。

第1章　リストラ予備軍への警告

二〇〇九年二月十八日説法
東京都・総合本部

第2章　不況に打ち克つ社員学入門

二〇〇九年十二月一日説法
東京都・総合本部

第3章　幸福の科学的仕事法

一九九六年十月十一日説法
幸福の科学 特別説法堂

第4章　女性のための経営入門

原題『女性のための経営入門』講義

二〇〇九年十一月十九日説法
東京都・総合本部

『不況に打ち克つ仕事法』大川隆法著作参考文献

『経営入門』（幸福の科学出版刊）

『社長学入門』（同右）

不況《ふきょう》に打《う》ち克《か》つ仕事法《しごとほう》
――リストラ予備軍への警告――

2011年9月7日　初版第1刷
2023年5月19日　第4刷

著　者　大《おお》　川《かわ》　隆《りゅう》　法《ほう》

発行所　幸福の科学出版株式会社
〒107-0052 東京都港区赤坂2丁目10番8号
TEL(03)5573-7700
https://www.irhpress.co.jp/

印刷・製本　株式会社 堀内印刷所

落丁・乱丁本はおとりかえいたします

ISBN978-4-86395-146-4 C0030

大川隆法 ベストセラーズ・ビジネスパーソンに贈る

仕事への言葉

あなたを真の成功へと導く仕事の極意が示された書き下ろし箴言集。ビジネスや経営を通して心豊かに繁栄するための100のヒントがここに。

1,540円

仕事と愛

スーパーエリートの条件

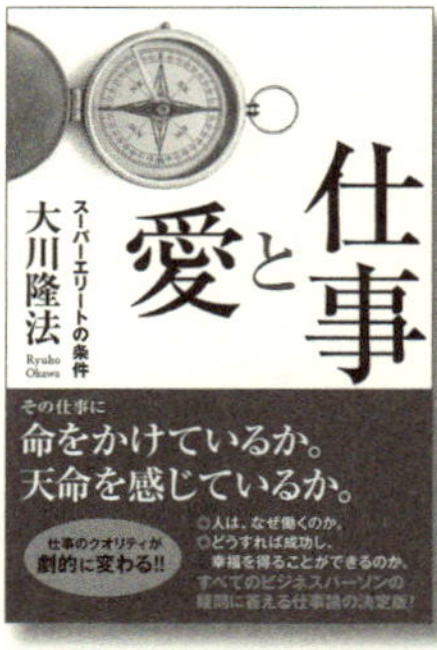

仕事と愛の関係、時間を生かす方法、真のエリートの条件──。仕事の本質と、具体的な方法論が解き明かされるビジネスマン必携の書。

1,980円

サバイバルする社員の条件

リストラされない幸福の防波堤

能力だけでは生き残れない。不況の時代にリストラされないためのサバイバル術が語られる。この一冊が、リストラからあなたを守る！

1,540円

※表示価格は税込10%です。

大川隆法ベストセラーズ・徳と志あるリーダーを目指して

大川隆法　初期重要講演集 ベストセレクション②

人間完成への道

本書は「悟りへの道」の歴史そのものである――。本物の愛、真実の智慧、反省の意味、人生における成功などが分かりやすく説かれた「悟りの入門書」。

1,980円

リーダーに贈る「必勝の戦略」

人と組織を生かし、新しい価値を創造せよ

燃えるような使命感、透徹した見識、リスクを恐れない決断力……。この一書が、魅力的リーダーを目指すあなたのマインドを革新する。

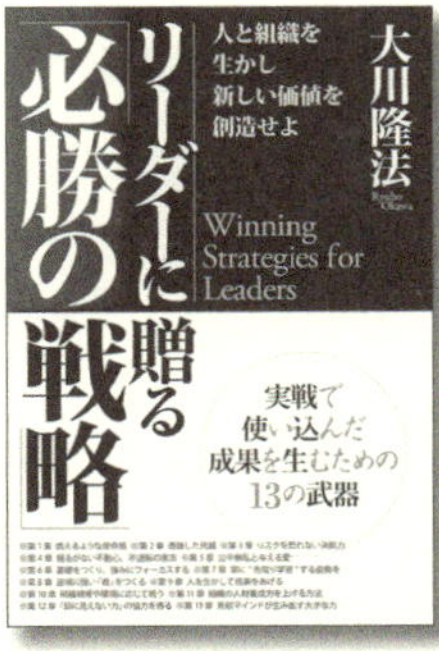

2,200円

不動心

人生の苦難を乗り越える法

本物の自信をつけ、偉大なる人格を築くための手引書。蓄積の原理、苦悩との対決法など、人生に安定感をもたらす心得が語られる。

1,870円

大川隆法ベストセラーズ・大川隆法の成功理論

希望の法

光は、ここにある

希望実現の法則、鬱《うつ》からの脱出法、常勝の理論などを説き、すべての人の手に幸福と成功をもたらす、勇気と智慧と光に満ちた書。

1,980円

常勝の法

人生の勝負に勝つ成功法則

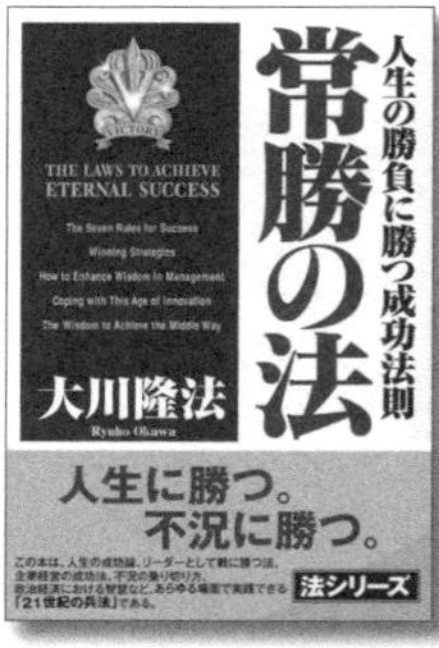

人生全般にわたる成功の法則や、不況をチャンスに変える方法など、あらゆる勝負の局面で勝ち続けるための兵法を明かす。

1,980円

成功の法

真のエリートを目指して

愛なき成功者は、真の意味の成功者ではない。個人と組織の普遍の成功法則を示し、現代人への導きの光となる、勇気と希望の書。

1,980円

※表示価格は税込10%です。

幸福の科学グループのご案内

宗教、教育、政治、出版などの活動を通じて、地球的ユートピアの実現を目指しています。

幸福の科学

一九八六年に立宗。信仰の対象は、地球系霊団の最高大霊、主エル・カンターレ。世界百六十八カ国以上の国々に信者を持ち、全人類救済という尊い使命のもと、信者は、「愛」と「悟り」と「ユートピア建設」の教えの実践、伝道に励んでいます。

（二〇二三年五月現在）

愛

幸福の科学の「愛」とは、与える愛です。これは、仏教の慈悲《じひ》や布施《ふせ》の精神と同じことです。信者は、仏法真理をお伝えすることを通して、多くの方に幸福な人生を送っていただくための活動に励んでいます。

悟り

「悟り」とは、自らが仏の子であることを知るということです。教学《きょうがく》や精神統一によって心を磨き、智慧《ちえ》を得て悩みを解決すると共に、天使・菩薩《ぼさつ》の境地を目指し、より多くの人を救える力を身につけていきます。

ユートピア建設

私たち人間は、地上に理想世界を建設するという尊い使命を持って生まれてきています。社会の悪を押しとどめ、善を推し進めるために、信者はさまざまな活動に積極的に参加しています。

国内外の世界で貧困や災害、心の病で苦しんでいる人々に対しては、現地メンバーや支援団体と連携して、物心両面にわたり、あらゆる手段で手を差し伸べています。

年間約２万人の自殺者を減らすため、全国各地で街頭キャンペーンを展開しています。

公式サイト　**www.withyou-hs.net**

自殺防止相談窓口

受付時間　火～土:10～18時（祝日を含む）

TEL　**03-5573-7707**　メール　**withyou-hs@happy-science.org**

ヘレン・ケラーを理想として活動する、ハンディキャップを持つ方とボランティアの会です。視聴覚障害者、肢体不自由な方々に仏法真理を学んでいただくための、さまざまなサポートをしています。

公式サイト　**www.helen-hs.net**

入会のご案内

幸福の科学では、大川隆法総裁が説く仏法真理《ぶっぽうしんり》をもとに、「どうすれば幸福になれるのか、また、他の人を幸福にできるのか」を学び、実践しています。

入会

仏法真理を学んでみたい方へ

大川隆法総裁の教えを信じ、学ぼうとする方なら、どなたでも入会できます。入会された方には、『入会版「正心法語《しょうしんほうご》」』が授与されます。

入会ご希望の方はネットからも入会申し込みができます。

happy-science.jp/joinus

三帰《さんき》誓願《せいがん》

信仰をさらに深めたい方へ

仏弟子としてさらに信仰を深めたい方は、仏《ぶっ》・法《ぽう》・僧《そう》の三宝《さんぽう》への帰依を誓う「三帰誓願式」を受けることができます。三帰誓願者には、『仏説・正心法語』『祈願文《きがんもん》①』『祈願文②』『エル・カンターレへの祈り』が授与されます。

幸福の科学 サービスセンター
TEL 03-5793-1727
受付時間／火～金:10～20時　土・日祝:10～18時（月曜を除く）

幸福の科学 公式サイト
happy-science.jp

仏法真理塾「サクセスNo.1」

全国に本校・拠点・支部校を展開する、幸福の科学による信仰教育の機関です。小学生・中学生・高校生を対象に、信仰教育・徳育にウエイトを置きつつ、将来、社会人として活躍するための学力養成にも力を注いでいます。

TEL 03-5750-0751（東京本校）

エンゼルプランV

東京本校を中心に、全国に支部教室を展開。信仰をもとに幼児の心を豊かに育む情操教育を行い、子どもの個性を伸ばして天使に育てます。

TEL 03-5750-0757（東京本校）

エンゼル精舎

乳幼児が対象の、託児型の宗教教育施設。エル・カンターレ信仰をもとに、「皆、光の子だと信じられる子」を育みます。

（※参拝施設ではありません）

不登校児支援スクール「ネバー・マインド」

TEL 03-5750-1741

心の面からのアプローチを重視して、不登校の子供たちを支援しています。

ユー・アー・エンゼル!（あなたは天使!）運動

障害児の不安や悩みに取り組み、ご両親を励まし、勇気づける、障害児支援のボランティア運動を展開しています。

一般社団法人 ユー・アー・エンゼル

TEL 03-6426-7797

NPO活動支援

いじめから子供を守ろうネットワーク

学校からのいじめ追放を目指し、さまざまな社会提言をしています。また、各地でのシンポジウムや学校への啓発ポスター掲示等に取り組む一般財団法人「いじめから子供を守ろうネットワーク」を支援しています。

公式サイト mamoro.org　ブログ blog.mamoro.org

相談窓口 TEL.03-5544-8989

100歳 幸福の科学

百歳まで生きる会～いくつになっても生涯現役～

「百歳まで生きる会」は、生涯現役人生を掲げ、友達づくり、生きがいづくりを通じ、一人ひとりの幸福と、世界のユートピア化のために、全国各地で友達の輪を広げ、地域や社会に幸福を広げていく活動を続けているシニア層（55歳以上）の集まりです。

【サービスセンター】TEL 03-5793-1727

シニア・プラン21

「百歳まで生きる会」の研修部門として、心を見つめ、新しき人生の再出発、社会貢献を目指し、セミナー等を開催しています。

【サービスセンター】TEL 03-5793-1727

幸福実現党

幸福実現党 釈量子サイト
shaku-ryoko.net
Twitter 釈量子@shakuryokoで検索

内憂外患《ないゆうがいかん》の国難に立ち向かうべく、2009年5月に幸福実現党を立党しました。創立者である大川隆法党総裁の精神的指導のもと、宗教だけでは解決できない問題に取り組み、幸福を具体化するための力になっています。

幸福実現党 党員募集中

あなたも幸福を実現する政治に参画しませんか。

＊申込書は、下記、幸福実現党公式サイトでダウンロードできます。
住所：〒107-0052　東京都港区赤坂2-10-8 6階 幸福実現党本部
TEL 03-6441-0754　FAX 03-6441-0764
公式サイト hr-party.jp

HS政経塾

大川隆法総裁によって創設された、「未来の日本を背負う、政界・財界で活躍するエリート養成のための社会人教育機関」です。既成の学問を超えた仏法真理を学ぶ「人生の大学院」として、理想国家建設に貢献する人材を輩出するために、2010年に開塾しました。現在、多数の市議会議員が全国各地で活躍しています。

TEL 03-6277-6029
公式サイト hs-seikei.happy-science.jp

出版 メディア 芸能文化 幸福の科学グループ

幸福の科学出版

大川隆法総裁の仏法真理の書を中心に、ビジネス、自己啓発、小説など、さまざまなジャンルの書籍・雑誌を出版しています。他にも、映画事業、文学・学術発展のための振興事業、テレビ・ラジオ番組の提供など、幸福の科学文化を広げる事業を行っています。

アー・ユー・ハッピー？
are-you-happy.com

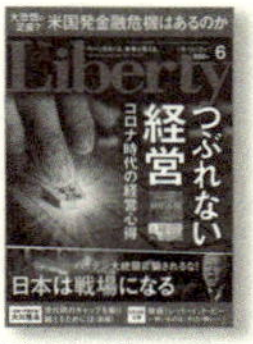

ザ・リバティ
the-liberty.com

幸福の科学出版
TEL **03-5573-7700**
公式サイト **irhpress.co.jp**

THE FACT

ザ・ファクト
マスコミが報道しない
「事実」を世界に伝える
ネット・オピニオン番組

ザ・ファクト　検索

NEW STAR PRODUCTION

ニュースター・プロダクション

「新時代の美」を創造する芸能プロダクションです。多くの方々に良き感化を与えられるような魅力あふれるタレントを世に送り出すべく、日々、活動しています。 公式サイト **newstarpro.co.jp**

ARI Production

ARI《アリ》 Production《プロダクション》

タレント一人ひとりの個性や魅力を引き出し、「新時代を創造するエンターテインメント」をコンセプトに、世の中に精神的価値のある作品を提供していく芸能プロダクションです。 公式サイト **aripro.co.jp**

大川隆法　講演会のご案内

大川隆法総裁の講演会が全国各地で開催されています。講演のなかでは、毎回、「世界教師」としての立場から、幸福な人生を生きるための心の教えをはじめ、世界各地で起きている宗教対立、紛争、国際政治や経済といった時事問題に対する指針など、日本と世界がさらなる繁栄の未来を実現するための道筋が示されています。

2022年7月7日 さいたまスーパーアリーナ
「甘い人生観の打破」

2019年7月5日 福岡国際センター
「人生に自信を持て」

2019年10月6日 ザ ウェスティン ハーバー キャッスル トロント（カナダ）
「The Reason We Are Here」

2011年3月6日 カラチャクラ広場（インド）
「The Real Buddha and New Hope」

2019年3月3日 グランド ハイアット 台北（台湾）
「愛は憎しみを超えて」

講演会には、どなたでもご参加いただけます。
最新の講演会の開催情報はこちらへ。⟹

大川隆法総裁公式サイト
https://ryuho-okawa.org